Christian Salmon

LA TYRANNIE DES BOUFFONS

Sur le pouvoir grotesque

Éditions Les Liens qui Libèrent

ISBN : 979-10-209-0898-8

À la mémoire de Bernard Stiegler

« Le grotesque, c'est l'un des procédés essentiels à la souveraineté arbitraire. »

Michel Foucault

INTRODUCTION

Un bouffon nécessaire

Le Covid-19 a eu un effet de loupe sur une nouvelle forme de tyrannie qui se déploie à l'échelle de la planète. Trump en a été la première manifestation, mais elle ne cesse depuis quatre ans de se manifester aux quatre coins de la planète : Jair Bolsonaro au Brésil, Rodrigo Duterte aux Philippines, Boris Johnson au Royaume-Uni, Matteo Salvini et Beppe Grillo en Italie, Jimmy Morales au Guatemala, Recep Erdoğan en Turquie, Narendra Modi en Inde, Viktor Orbán en Hongrie, sans oublier le nouveau président de l'Ukraine, Volodymyr Zelensky, un humoriste qui se définit lui-même comme un « clown ».

La pandémie de coronavirus, loin d'atténuer les outrances de ce pouvoir, en a été le théâtre grotesque. On a vu des chefs d'État rivaliser d'incompétence et d'irrationalité face à la gravité de la crise sanitaire. Le ridicule ne connut pas de limites, des postures viriles aux formes les plus archaïques de sorcellerie et de religiosité – un festival de pitreries et de provocations. Mais la gestion catastrophique de la crise par ces gouvernants ne les a en rien disqualifiés. Au contraire, elle a consolidé la base de leurs soutiens et, surtout, leur a permis de manifester une sorte d'impunité, la preuve qu'ils ne dépendaient d'aucun jugement politique, scientifique ni moral et pouvaient donc imposer inconditionnellement leur volonté.

Une épidémie de dénis

C'est Donald Trump annonçant lors d'un point de presse, le 23 avril 2020, que le virus disparaîtrait avec le printemps, ou préconisant de s'injecter de l'eau de Javel pour se prémunir contre le Covid-19. « Je vois le désinfectant qui vient à bout du virus en une minute, a-t-il affirmé face à de nombreux médecins. Et il y a peut-être un moyen de se l'injecter dans le corps. » Au 3 juillet 2020, les États-Unis comptaient 2 739 879 cas de contamination et 129 891 décès. Un record mondial.

C'est Boris Johnson opposant au confinement le « droit inaliénable du peuple anglais à aller au pub », ou Dominic Cummings, son principal conseiller, justifiant le choix de l'immunité collective par ces mots : « On va défendre l'immunité de groupe, et si cela veut dire que quelques retraités vont mourir, alors tant pis. » Au 30 août, le Royaume-Uni a dépassé l'Italie et compte 285 268 cas de contamination pour 44 220 décès.

C'est Jair Bolsonaro déclarant, alors que le nombre de contaminés s'envolait au Brésil : « Certains vont mourir ? Oui, bien sûr. J'en suis désolé, mais c'est la vie. On ne peut pas arrêter une usine de voitures parce qu'il y a des morts sur la route chaque année. » Une semaine plus tard, il répondait à un journaliste qui s'inquiétait de l'aggravation de la crise sanitaire : « Et alors ? Je suis désolé, mais que voulez-vous que je fasse à ce sujet ? Je m'appelle Messias ["Messie" est son deuxième prénom], mais je ne fais pas de miracles. » Puis il est parti faire du jet-ski sur un lac de Brasilia. Au plus fort de la crise, il encourageait les rassemblements de ses partisans, multipliait les sorties et les bains de foule sans respecter aucun geste barrière, si bien qu'il a fallu une décision judiciaire pour le contraindre à porter un masque dans les lieux publics. Le Brésil, qui compte 212 millions d'habitants, est le deuxième pays le plus endeuillé par l'épidémie après les États-Unis*.

Bolsonaro lui-même a annoncé au début du mois de juillet 2020 qu'il avait contracté le coronavirus.

En Inde, le Premier ministre, Narendra Modi, a fait appel à la magie du chiffre 9 pour sortir son pays des « ténèbres du Covid-19 ». Dans un message de neuf minutes mis en ligne sur Facebook au neuvième jour de confinement à neuf heures du matin, il s'est adressé à ses concitoyens en leur demandant d'éteindre toutes les lumières le 5 avril (5 + 4) à neuf heures du soir et d'allumer des bougies pendant neuf minutes. « Va-t'en, corona ! », « Vive l'Inde, notre mère patrie ! », ont crié ses partisans depuis leur balcon ou dans la rue, les autres se contentant d'éteindre l'électricité de peur d'être dénoncés. Deux mois plus

* États-Unis : 1 496 858 cas de contaminations pour 64 867 décès, Brésil : 3 862 311 cas de contamination pour 120 896 décès.

tard, c'est au yoga qu'il a confié la tâche de lutter contre la pandémie. Dans une vidéo mise en ligne quelques jours avant la Journée internationale du yoga, le 21 juin, il a assuré que le yoga participe à la construction d'un « bouclier de protection » immunitaire contre le coronavirus. Le député Rahul Gandhi, petit-fils d'Indira Gandhi, l'a vertement rappelé à l'ordre : « Cessez de faire le clown, l'Inde est en état d'urgence. » Au 30 août, l'Inde est le troisième pays au monde pour le nombre de contaminations recensées : 3 619 169 (et 64 617 décès).

Le président mexicain, Andrés Manuel López Obrador (AMLO), lui aussi rétif aux mesures de confinement, s'est contenté de brandir des amulettes protectrices contre le coronavirus. Le 18 mars, lors de sa conférence de presse quotidienne à sept heures du matin, il a montré une petite image représentant le cœur du Christ, son « bouclier protecteur ». Le lendemain, il exhibait en guise de talisman un trèfle à six feuilles offert par un de ses admirateurs. Depuis, le Mexique a rejoint le club des sept pays les plus contaminés au monde.

Le président de la Biélorussie, Alexandre Loukachenko – dont la réélection contestée en août 2020 a provoqué des manifestations populaires –, a appelé ses concitoyens à se prémunir contre le virus en buvant de la vodka et en travaillant plus. « Les tracteurs traitent tous les virus, les champs traiteront tout le monde », a-t-il déclaré. Puis il a annoncé l'organisation à travers le pays d'un « Subbotnik », une tradition datant de l'époque communiste qui consiste à encourager les citoyens à travailler bénévolement le samedi. À l'occasion d'un match de gala de hockey sur glace, il s'est réjoui : « Nous sommes dans une patinoire, tout est gelé. C'est le meilleur endroit pour être en bonne santé. C'est le meilleur des sports. Le froid gèle le virus, c'est le meilleur remède possible. Buvez de la vodka, allez au sauna et travaillez dur. » Avant de conclure : « Mieux vaut mourir dignement que vivre à genoux. »

Le dictateur turkmène Gurbanguly Berdimuhamedow, qui a occupé les postes de ministre de la Santé, de ministre de l'Industrie médicale, puis de vice-président du conseil des ministres chargé de la Santé, de l'Éducation et des Sciences en 2001, a ordonné dans tout le pays des fumigations massives de *Peganum harmala*, une plante médicinale censée purifier le sang, guérir les maladies des articulations et soigner la mélancolie.

Quant à Volodymyr Zelensky, l'ancien humoriste devenu président de l'Ukraine, il a affirmé qu'il aurait « souhaité attraper le coronavirus ». « On s'est réunis [avec l'équipe], et j'ai suggéré : "Allez, je vais tomber malade, je serai immédiatement isolé, je vais dormir et vivre ça normalement. Ainsi, les gens comprendront, il n'y aura pas de dépression, ce n'est pas la peste." La seule chose qui m'a arrêté, c'est que quelqu'un a dit que les gens pourraient s'imaginer que c'était un coup de pub », a affirmé Zelensky, avant d'ajouter : « Bien sûr, ma famille ne me l'aurait pas pardonné. Ils auraient dit que j'étais fou… et ils auraient eu raison. »

Au Nicaragua, l'ancien révolutionnaire Daniel Ortega a déclaré que le Covid-19 était « un signe de Dieu » contre le militarisme et l'hégémonie américains. En mars, avec Rosario Murillo, son épouse et vice-présidente, il a organisé dans la capitale, Managua, une procession carnavalesque intitulée « L'amour au temps de la Covid-19 » – pastiche du titre d'un célèbre roman de l'écrivain colombien Gabriel García Márquez, *L'Amour aux temps du choléra.* Pendant le défilé, les participants étaient invités à ridiculiser la pandémie, « vaincue par la paix et l'amour ».

On qualifie souvent cette nouvelle génération de leaders de « populistes », au risque de banaliser une notion historico-politique déjà passablement extensible, allant des narodniki russes de la fin du XIXe siècle aux grands dirigeants latino-américains tels que l'Argentin Juan Perón ou le Brésilien Getúlio Vargas. De profondes divergences idéologiques les séparent, certains pouvant être taxés de fascistes, comme Bolsonaro ou Salvini, quand d'autres relèvent du libéralisme autoritaire ou d'un nationalisme mâtiné de xénophobie, comme Boris Johnson ou Viktor Orbán. Ce dernier se revendique de l'« illibéralisme », un néologisme qui a été accolé à plusieurs autres régimes d'Europe centrale (la Pologne ou la Slovaquie), mais aussi à l'Inde de Narendra Modi ou encore à la Turquie de Recep Erdoğan*.

La spirale du discrédit

Populistes, illibéraux, nationalistes, souverainistes, fascistes... La palette idéologique de ces nouveaux leaders est si variée qu'on pourrait

---

* Sur la question du populisme, lire Éric Fassin, *Populisme : le grand ressentiment*, Paris, Textuel, 2017.

justement les définir par cela : l'impossibilité de les réduire à un substrat commun. Ils échappent par nature aux catégories politiques ou idéologiques existantes, car ils incarnent le discrédit qui frappe la sphère politique, ses partis, son personnel, ses usages et jusqu'à la forme que prend le charisme de ses chefs. Tout ce qu'on peut dire d'eux, c'est qu'ils sont « grotesques ».

L'adjectif « grotesque » ne doit pas être entendu ici dans le registre de la satire, comme une insulte ou une injure, mais dans son sens premier. Selon le linguiste russe Mikhaïl Bakhtine, la *grottesca* désignait, à l'origine, des peintures ornementales découvertes à la fin du XVe siècle lors de fouilles effectuées à Rome dans les thermes de Titus. Pour d'autres, le mot vient qualifier les ornements de la Domus Aurea, construite par Néron et couverte de motifs étranges. Ces figures inconnues venues du Moyen Âge se distinguaient par le mélange de formes végétales, animales et humaines. On appela *grottesca* le style de ces peintures qui émergeaient des grottes, le terme en venant à désigner tout ce qui franchit les limites et mêle les genres. Montaigne qualifie ainsi la composition hétéroclite de ses *Essais*. Le mot sera utilisé par la suite pour caractériser toute œuvre comique, comme celle de Rabelais, puis finira par acquérir un sens plus large, désignant ce qui est ridicule, bizarre, extravagant.

On peut donc qualifier de « grotesques » Donald Trump et ses acolytes, dans la mesure où ils transcendent les usages politiques, bouleversent les formes et les rituels institutionnels, se jouent des affiliations idéologiques et ne semblent relever que d'eux-mêmes, de cette force obscure qui ne vise pas à instituer, mais à désinstituer le pouvoir politique. Trump et ses hologrammes sont les figures politiques de ce discrédit généralisé. Partout, le pouvoir grotesque assoit sa légitimité de manière paradoxale : non pas sur le crédit qu'inspire la personnalité politique ou son programme et que consacre l'élection, mais sur le discrédit qui frappe le système politique. D'où son caractère clivé, qui se donne à lire sous la forme d'un pouvoir grotesque *institué*.

Dans un livre précédent, *L'Ère du clash**, j'ai tenté d'analyser la spirale du discrédit qui délégitime tous les discours « autorisés », qu'ils émanent des médias, des institutions politiques,

* Christian Salmon, *L'Ère du clash*, Paris, Fayard, 2019.

scientifiques ou religieuses. La crise financière de 2008 a provoqué un décrochage des récits officiels de l'expérience concrète des hommes et entraîné l'effondrement des médiations politiques (médias, partis, assemblées). Cette spirale a trouvé dans les réseaux sociaux sa chambre d'écho, mais aussi son « format », sa syntaxe et ses codes, créant ce que l'on pourrait appeler une « sous-culture de l'incrédulité ». La chronique d'un gouvernement confronté à une pandémie mondiale et qui se complaît dans le déni jusqu'au grotesque est indissociable d'une sous-culture médiatique modelée par la téléréalité et les plateformes comme Google, Facebook, YouTube, Twitter...

Dans un article de *The Atlantic* intitulé « L'idée américaine en 140 caractères »*, l'éditorialiste Vann R. Newkirk remettait en question la thèse habituelle de la démocratisation que le Web était censé favoriser. Il expliquait comment les mouvements décentralisés et anti-establishment comme le Tea Party ou l'alt-right se sont développés sur Twitter, où ils se montrent capables

---

*Vann R. Newkirk II, « The American Idea in 140 Characters », *The Atlantic*, 24 mars 2016.

d'organiser des milliers d'événements rassemblant des millions de personnes et de constituer un véritable défi pour les personnalités publiques. Les réseaux sociaux sont devenus le réceptacle de ce discrédit généralisé. Trump et ses semblables en sont les usuriers.

Trump a lancé un défi au système démocratique, non pour le réformer ou le transformer, mais pour le ridiculiser. Un discrédit qui vise la chose politique, sa langue de bois, ses partis traditionnels, ses formes, ses rituels. Trump est une figure du trash de luxe qui triomphe sous les signes du vulgaire, du scatologique et de la dérision. Il en incarne une sorte d'idéal-type, le plouc revêtu d'une patine de notoriété. Les statues de Trump nu élevées par ses partisans sur les places des villes américaines pendant la campagne de 2016 en furent la consécration : elles célébraient une forme de sacralité kitsch, de statuaire dégradée. Elles constituaient la représentation spontanée du pouvoir grotesque.

Steve Bannon, stratège de Donald Trump pendant la campagne de 2016, raconte cette épiphanie du grotesque. Dans un long entretien accordé au *New York Magazine*, il évoque le tournant de la campagne, lorsque Hillary Clinton a qualifié les supporters de Trump d'individus « déplorables », en visant la mouvance des nazillons et des suprémacistes blancs qui gravitait autour de Trump et de Bannon lui-même. Loin de protester, Bannon a choisi très habilement de s'approprier l'insulte : « OK ! Nous sommes les "déplorables", nous les Bannons. » Et le terme « déplorable » est devenu pour les partisans de Trump un signe de ralliement : « Si tu es un "déplorable", cela signifie que tu t'es fait baiser. Nous, les Bannons, nous sommes juste un tas de putains de têtes dures. Les cols bleus, les pompiers, etc., juste des gens ordinaires et qui adorons Donald Trump. Tu sais pourquoi ? Il est le premier à dire à l'establishment d'aller se faire foutre*. »

DONALD TRUMP, UN BOUFFON NÉCESSAIRE

Le philosophe et sociologue allemand Georg Simmel écrivait, avant la Première Guerre mondiale : « Inutile de solliciter les masses dans leur opinion positive ou dans leur volonté critique, car elles n'en ont pas : elles n'ont qu'une

* Noah Kulwin, « Steve Bannon on how 2008 planted the seed for the Trump presidency », *New York Magazine*, 10 août 2018.

puissance indifférenciée, une puissance de rejet. Elles ne sont fortes que de ce qu'elles expulsent, de ce qu'elles nient. » Jamais ce diagnostic n'a été aussi vrai que depuis la crise de 2008.

Pendant sa campagne de 2016, Donald Trump s'est adressé, via Twitter et Facebook, à cette partie de la société qui a fait sécession aux États-Unis, et il a réussi à fédérer tous ces mécontentements dispersés en une masse survoltée. Il l'a fait en utilisant les recettes de la téléréalité – la transgression, l'outrance –, car elle seule satisfait ce besoin de représentation, bien connu des cliniciens, qui se nourrit de l'impuissance à vivre ; un besoin de représentation que Trump capte et transforme en capital politique. La téléréalité s'était jusque-là cantonnée au divertissement. Donald Trump en a fait un instrument de conquête et d'exercice du pouvoir.

Aux Blancs déclassés qui constituent le cœur de son électorat, Trump a offert une revanche symbolique : la restauration d'une supériorité blanche malmenée par l'essor des minorités dans une société de plus en plus multiculturelle. Il a redonné, pour ainsi dire, du crédit aux discrédités. Trump, c'est la banque centrale de toutes les colères. Il les concentre, les accumule, les estampille. Il émet les signes du ressentiment. Il n'y a pas de contrepartie à cette création monétaire, dont la particularité est qu'elle repose sur le discrédit plutôt que sur le crédit, mais qui, sinon, fonctionne comme la création monétaire réelle : pour le dire simplement, on fait marcher la planche à billets. Un mensonge efface l'autre. Chaque tweet gomme le suivant, en un interminable thread sur lequel aucun fact-checking n'a de prise.

La victoire de Donald Trump n'a pas seulement représenté une défaite électorale pour les démocrates, elle a pris en défaut tous les systèmes de prévision et d'alerte, ruiné la crédibilité des analystes et des commentateurs, et, par conséquent, échappé à toute logique à leurs yeux. C'était une anomalie politique, un événement extravagant qui n'entrait pas dans leurs scénarios. « L'une des choses les plus déconcertantes était que personne, quel que soit son degré d'érudition, n'avait aucune idée de ce qui se passait », se souvient Michelle Goldberg dans un article du *New York Times* intitulé « Anniversaire de l'Apocalypse » et publié un an après l'élection de Trump*.

* Michelle Goldberg, « Anniversary of the Apocalypse », *The New York Times*, 6 novembre 2017.

Depuis quatre ans, la réaction des démocrates et des principaux médias américains est une incompréhension des mécanismes de ce nouveau pouvoir hégémonique. Les « libéraux » n'ont guère su opposer à chaque provocation de Trump que leur indignation morale, qui est toujours un signe d'aveuglement face à un phénomène politique inédit. Ils peuvent bien rouvrir les yeux, maintenant : le phénomène Trump n'a pas disparu. Il bénéficie du soutien de la frange la plus mobilisée de ses électeurs, qui, loin d'être découragés par ses outrances verbales et ses appels à la violence, y reconnaissent leur propre colère. Ce qui soude la masse de ses supporters, c'est le pouvoir de dire non aux vérités établies. L'incrédulité est érigée en croyance absolue. Politiques, médias, intellectuels, chercheurs : aucune autorité n'est épargnée. Tous sont voués au bûcher trumpiste.

Avec Trump, il ne s'agit plus de gouverner à l'intérieur du cadre démocratique, selon ses lois, ses normes, ses rituels, mais de spéculer à la baisse sur son discrédit. Le pari paradoxal consiste à asseoir la crédibilité de son « discours » sur le discrédit du « système », dont il cherche à aggraver les effets. Depuis son élection, Trump n'a pas cessé d'être en campagne. La vie politique sous sa présidence s'est transformée en une suite de provocations et de chocs prenant la forme de décrets, de déclarations ou de simples tweets : Muslim ban, défense des suprémacistes blancs après les événements de Charlottesville, guerre de tweets avec la Corée du Nord, tentative de criminalisation du mouvement de protestation qui a suivi le meurtre de l'Afro-Américain George Floyd par la police…

À peine entré à la Maison-Blanche, Trump a orchestré le ressentiment des foules, réveillé les vieux démons sexistes et xénophobes, donné un visage et une voix, une visibilité, à une Amérique déclassée tout autant par la démographie et la sociologie que par la crise économique. Il a laissé libre cours à une puissance sauvage et indistincte qui n'attendait que cela. Et il l'a fait à sa manière, cynique et caricaturale. Il s'est jeté sur ces foules envahies par le désir de revanche et les a excitées. Il a fait de la haine une bannière et de la colère une marque à son nom. La forme bouffonesque de son pouvoir sur les masses n'est pas le signe d'un mauvais leadership. Trump est un bouffon nécessaire.

Ce que l'on a parfois du mal à comprendre, c'est la centralité de ce personnage extravagant, la modernité de son message et sa résonance avec la société et le passé de l'Amérique.

Le phénomène Trump n'est pas l'histoire d'un fou qui se serait emparé du pouvoir par surprise. Bien au contraire, il dit la vérité de l'époque. La victoire de Trump ne fut pas seulement une surprise électorale ou un accident, ce fut l'entrée dans une ère politique inconnue. Depuis son accession à la présidence des États-Unis, le phénomène s'est globalisé, ouvrant la voie à une sorte d'arc-en-ciel du pouvoir grotesque : la tyrannie des bouffons.

De l'élection de Trump en 2016 à celle de Boris Johnson en 2019, en passant par le triomphe de la Ligue du Nord de Matteo Salvini associée au Mouvement 5 étoiles (M5S) en Italie, ce livre suit pas à pas la marche vers le sommet de cette génération de leaders incarnant le « pouvoir grotesque ». Il met au jour les ressorts de ce nouveau pouvoir, qui s'impose non plus à travers des récits crédibles, mais par le recours aux formes et aux rituels du carnaval.

1.
Sur le pouvoir grotesque

Dans son cours au Collège de France de 1975-1976, Michel Foucault développe une hypothèse sur ce qu'il appelle alors le « pouvoir grotesque ». Lorsqu'il parle de « pouvoir grotesque » en 1975, il n'a pas sous les yeux le florilège d'absurdités et d'incompétences dont nous sommes témoins depuis l'élection de Donald Trump. Il ne s'agit nullement pour lui de faire un usage polémique des mots « grotesque » ou « ubuesque » dans le but de disqualifier les hommes d'État qui seraient ainsi définis, mais au contraire de tenter de comprendre la rationalité de ce pouvoir grotesque, dont il ne trouve d'exemples que dans l'histoire ; une rationalité paradoxale, puisqu'elle se manifeste par l'irrationalité de ses discours et de ses décisions. « La souveraineté grotesque opère non pas en dépit de l'incompétence de celui qui l'exerce mais en raison même de cette incompétence et des effets grotesques qui en découlent. [...] J'appelle grotesque le fait qu'en raison de leur statut, un discours ou un individu peuvent avoir des effets de pouvoir que leurs qualités intrinsèques devraient disqualifier. »

Généalogie du pouvoir grotesque

Le chercheur Xenophon Tenezakis a prolongé et appliqué les remarques de Foucault dans un récent article de la revue *Esprit*: « [Depuis l'élection de Trump,] chaque jour, de nouvelles décisions sont prises à l'encontre des grands principes de la démocratie et des engagements des États-Unis ; de nouveaux ratés, de nouvelles saillies et de nouvelles fuites font surface, qui dévoilent l'anarchie au cœur du pouvoir. Devant cette allure carnavalesque du mandat trumpien, l'attitude souvent adoptée est celle de la sidération : "Comment est-il possible qu'il puisse rester au pouvoir, alors qu'il dit des choses si absurdes et qu'il prend des décisions à l'encontre parfois du bon sens ou de l'humanité la plus élémentaire ?" Si l'on suit le raisonnement foucaldien, c'est plutôt la question inverse qu'il faudrait poser. [...] Comment fonctionne ce branchement du grotesque sur le pouvoir ? Quelle force lui transmet-il ? »

Arianna Sforzini a rassemblé et problématisé les observations de Foucault sur le pouvoir grotesque dans sa thèse *Les Scènes de la vérité*. « Foucault, écrit-elle, identifie dans le grotesque ou dans l'ubuesque une catégorie précise de l'analyse historico-politique », catégorie qui exprime la force que « le pouvoir assume quand il revêt les formes les plus bouffonnes et les plus infâmes ». Elle poursuit : « Il est regrettable que Foucault n'ait pas poussé plus loin son analyse du grotesque dans les scènes du pouvoir et de la vérité. Ce concept qu'il amorce en 1975 a une puissance politique extraordinaire, car il touche au cœur des relations du pouvoir, là où elles sont à la fois les plus embrouillées et les plus puissantes. »

Et d'ajouter : « En montrant explicitement le pouvoir comme abject, infâme, ubuesque ou simplement ridicule, il s'agit de manifester de manière éclatante le caractère incontournable, l'inévitabilité du pouvoir, qui peut précisément fonctionner dans toute sa rigueur et à la pointe extrême de sa rationalité violente, même lorsqu'il est entre les mains de quelqu'un qui se trouve effectivement disqualifié. »

Selon Foucault, le pouvoir grotesque est l'expression de sa puissance extrême, de son caractère nécessaire. En l'absence d'exemple contemporain d'un tel pouvoir, Foucault cherchait à en retracer la généalogie, de Caligula à Héliogabale, « faisant l'amour comme une femme et comme un homme [...] accueillant la débauche par tous les orifices de son corps », en passant par Claude, asservi à sa femme, la vicieuse Messaline, et Néron, qui ne rougit pas de se livrer aux actes les plus honteux avec hommes et femmes, aime se travestir et épouse son affranchi.

La Rome impériale, écrivait Foucault, connaissait déjà très bien ces mécanismes de gouvernement à travers « la disqualification quasi théâtrale du point d'origine, du point d'accrochage de tous les effets de pouvoir dans la personne de l'empereur. » Il convoquait « le grotesque de quelqu'un comme Mussolini, absolument inscrit dans la mécanique du pouvoir. Le pouvoir se donnait cette image d'être issu de quelqu'un qui était théâtralement déguisé, dessiné comme un clown, comme un pitre*. » Michel Foucault citait également Hitler, enfermé dans son bunker quelques heures avant son suicide et demandant qu'on lui procure des gâteaux au chocolat « jusqu'à en crever** ».

On pourrait lui objecter que Hitler et Mussolini avaient peut-être des côtés grotesques, mais que c'était malgré eux. Leur pouvoir empruntait à la représentation impériale grecque ou romaine, à ses signes, à ses rituels. Leur mode opératoire s'appuyait sur un réseau administratif, policier et bureaucratique destiné à contrôler les individus ; il ne devait rien à l'improvisation burlesque de Trump et consorts.

Du roi Ubu d'Alfred Jarry à Arturo Ui de Bertolt Brecht ou au dictateur de Chaplin, le grotesque exerce ses pouvoirs aux dépens d'eux. Il vise à les délégitimer en leur retirant cette majesté qu'ils s'efforcent de dégager, parfois maladroitement. Brecht a déclaré quelque part : « Arturo

---

* Michel Foucault, *Les anormaux : cours au Collège de France 1974-1975*, Paris, EHESS/Seuil/Gallimard, 1999.

** Sergio Luzzatto, *Le Corps du Duce*, trad. P.-E. Dauzat, Paris, Gallimard, 2014.

Ui est une parabole dramatique écrite avec le dessein de détruire le traditionnel et néfaste respect qu'inspirent les grands tueurs de l'histoire. » Cela est évidemment impossible avec une tyrannie qui revendique et s'approprie le pouvoir du grotesque. Trump et ses acolytes n'inspirent aucun respect. Carter Goodrich, le caricaturiste qui a dessiné la une du *New Yorker* représentant Trump en clown maléfique, a affirmé : « C'est difficile de parodier cet homme… Il marche et parle déjà comme une caricature de lui-même. » Caricatures et imitations fonctionnent ainsi à vide, sans atteindre le personnage du bouffon. Son pouvoir est immunisé contre la satire ou la comédie. Car il est la satire, il joue la comédie, usant des nombreux moyens que lui offrent les réseaux sociaux pour discréditer toute forme de rationalité et d'expertise. La téléréalité est son laboratoire, celui de la dérision. Y règne sans partage la puissance du discrédit.

Un carnaval à l'envers

Dans un texte intitulé « Les trois types purs de la domination légitime », Max Weber distinguait trois sources de légitimité politique :

la domination de nature rationnelle légale, la domination traditionnelle et la domination charismatique*. Force est de constater que le pouvoir grotesque ne relève d'aucune de ces catégories. Il met à mal la domination de nature rationnelle par son insouciance, ses injonctions contradictoires, l'irrationalité de ses décisions. Mais il ébranle aussi le deuxième type d'autorité légitime, la domination traditionnelle, qui s'autorise de règles, de coutumes, d'habitudes dont elle assure la transmission. Quant à la dimension charismatique définie par Max Weber, fondée sur la grâce personnelle et extraordinaire et sur « des qualités prodigieuses, ou des particularités exemplaires qui font le chef », le pouvoir grotesque en est totalement dépourvu. En lui, c'est l'homme commun, et non pas le chef doté de qualités prodigieuses, que les réseaux sociaux acclament. L'homme-clown de la téléréalité ou des talk-shows, magnifié et comme électrisé par les réseaux sociaux.

* Ce texte a été publié pour la première fois en français dans la revue *Sociologie*, où se trouve condensée la réflexion de Weber sur la manière dont une autorité est reconnue, acceptée et justifiée. Voir https://www.cairn.info/revue-sociologie-2014-3-page-307.htm.

Trump incarne la figure d'un souverain sans récit ni légende, « infâme », comme l'écrit Foucault, c'est-à-dire dépourvu de la *fama* qui s'attache aux grands hommes d'État, dont la légende est *digne d'être racontée.* Son omniprésence sur Twitter est celle d'un roi de carnaval qui s'arroge le droit de tout dire et de jeter le discrédit sur toutes les formes de pouvoir. « C'est un clown – littéralement, il pourrait avoir sa place dans un cirque », a déclaré un jour Noam Chomsky. Mais sa place est plutôt au cœur du carnaval qu'est devenue la politique mondiale. Loin de se présidentialiser une fois élu, comme on s'y attendait, il a ridiculisé la fonction présidentielle par ses foucades, ses sautes d'humeur, ses postures ubuesques. C'est un roi de carnaval qui croule sous les lazzis et les confettis.

Dans son ouvrage *L'Œuvre de François Rabelais et la culture populaire au Moyen Âge et sous la Renaissance**, le linguiste russe Mikhaïl Bakhtine analyse l'esprit du carnavalesque comme le renversement général des hiérarchies et des valeurs : entre le pouvoir et le peuple,

---

* Mikhaïl Bakhtine, *L'Œuvre de François Rabelais et la culture populaire au Moyen Âge et sous la Renaissance*, trad. par Andrée Robel, Gallimard, coll. « Tel », 1982.

entre le noble et le trivial, entre le haut et le bas, entre le style raffiné du savant et le langage grossier du peuple…

Lorsqu'on évoque les formes et les rituels du carnaval analysés par Bakhtine, on pense à la riche invention des langages populaires, aux divers procédés rhétoriques de parodie et de répétition – les listes de mots, les sobriquets, les coq-à-l'âne, les insultes, l'exagération et la déformation des images du corps –, mais on ne souligne peut-être pas assez le rejet de la vérité officielle et de sa vision du monde, que nous appellerions aujourd'hui la « post-vérité ». Le carnavalesque opère en effet en procédant à une « fusion permanente du mensonge et de la vérité, du mal et du bien, des ténèbres et de la clarté, de la méchanceté et de la gentillesse ». Toutes ces opérations de travestissement du sens traduisent la dissolution d'un monde et de son langage. Le carnaval culmine dans l'élection d'un roi du carnaval qui se substitue à l'autorité en place.

Le reality show trumpiste rejoue, en le singeant, le renversement du haut et du bas, du noble et du trivial, du raffiné et du grossier, du sacré et du profane, le refus des normes et des hiérarchies instituées entre le pouvoir et les sans-pouvoir, le mépris des formes du beau style du savoir-vivre, au profit d'une vulgarité revendiquée, assumée et conquérante. Le lien souligné par Bakhtine entre le carnavalesque démocratique et le savoir humaniste est brisé. La tyrannie des bouffons relève d'une forme de carnavalesque renversé, un carnavalesque d'en haut qui installe les valeurs du grotesque au sommet du pouvoir et assoit leur légitimité sur les réseaux sociaux et la téléréalité. Le carnavalesque est la scène du discrédit où règnent la logique des choses à l'envers, la parodie et le travestissement, le comique et l'effroi.

Les tweets de Trump, les posts de Salvini sur Facebook, les clowneries de Beppe Grillo, les blagues de Boris Johnson, le ton prophétique de Bolsonaro relèvent d'un pouvoir « infâme » fondé sur l'outrance, la bouffonnerie, le grotesque. Leur performance appartient à l'univers de l'imagerie grotesque et à la syntaxe scatologique et sexuelle telle que l'a codifiée Bakhtine. Salvini fait appel à la nourriture en postant chaque jour sur Twitter des photos de ses repas, Trump n'hésite pas à parler de « chattes » et de sang menstruel, comme lorsqu'il insulta la journaliste de

Fox News Megyn Kelly, qui avait eu l'audace de lui rappeler ses propos sexistes. Dans les relations internationales, les jurons, insultes et grossièretés se multiplient et transgressent tous les usages diplomatiques. Les insultes entre Kim Jong-un et Donald Trump (« fou », « gâteux mentalement dérangé ») sont restées légendaires, avant que les deux acolytes ne changent de registre et n'échangent des « lettres d'amour ». Mais on a oublié que Boris Johnson avait auparavant traité François Hollande de « kapo » et qualifié délicatement les Français de « petites crottes » ou de « fumiers ».

Mécanique du pouvoir grotesque

Le grotesque politique – ce décalage entre le pouvoir et la qualification de celui qui l'exerce – serait non pas quelque chose d'accidentel dans l'histoire du pouvoir, mais un moyen de renforcer ce dernier, une sorte de corde de rappel. Foucault voyait dans le grotesque « une catégorie précise de l'analyse historico-politique », une catégorie qui exprime la force que « le pouvoir assume quand il revêt les formes les plus bouffonnes et les plus infâmes ».

Michel Foucault nous alertait avec une prescience remarquable contre l'illusion partagée depuis quatre ans aux États-Unis par la presse mainstream et les élites démocrates qui consiste à voir dans le pouvoir grotesque « un accident dans l'histoire du pouvoir », « un raté de la mécanique », alors qu'il est « l'un des rouages qui font partie inhérente des mécanismes du pouvoir ».

Le pouvoir grotesque, c'est la continuation de la politique discréditée par d'autres moyens. Comment incarner un pouvoir politique basé sur le discrédit, sinon en mettant en scène un pouvoir sans limite, débridé, qui déborde les attributs et les rituels ? Selon Foucault, le pouvoir grotesque est l'expression de sa puissance extrême, de son caractère incontrôlable, inévitable, nécessaire. « En montrant explicitement le pouvoir comme abject, infâme, ubuesque ou simplement ridicule, il s'agit de manifester de manière éclatante le caractère incontournable, l'inévitabilité du pouvoir, qui peut précisément fonctionner dans toute sa rigueur et à la pointe extrême de sa rationalité violente, même lorsqu'il est entre les mains de quelqu'un qui se trouve effectivement disqualifié. » Ainsi, Trump prétend que la Constitution américaine lui permet de faire « tout ce qu'il veut »*...

« Le détenteur de la majestas, de ce plus de pouvoir par rapport à tout pouvoir quel qu'il soit, est en même temps, dans sa personne, dans son personnage, dans sa réalité physique, dans son costume, dans son geste, dans son corps, dans sa sexualité, dans sa manière d'être, un personnage infâme, grotesque, ridicule. [...] Le grotesque, c'est l'un des procédés essentiels à la souveraineté arbitraire. L'indignité du pouvoir n'en élimine pas les effets, qui sont au contraire d'autant plus violents et écrasants que le pouvoir est grotesque – Ubu roi, précisément. Un énorme fonctionnement du souverain infâme**. »

Ce fonctionnement « énorme » du souverain infâme est renforcé aujourd'hui par la puissance des réseaux sociaux, l'usage stratégique du Big Data et des algorithmes. Partout où elle a réussi à s'imposer, la tyrannie des bouffons combine le pouvoir grotesque et la maîtrise méthodique des

---

* Mathieu Magnaudeix, « Ruth Ben-Ghiat, historienne américaine : "Il est indéniable que Trump emprunte au fascisme" », Mediapart, 28 juillet 29019.

** Michel Foucault, *op. cit.*

réseaux sociaux, la transgression burlesque et la loi des séries algorithmiques.

Nous y reviendrons en détail tout au long de ce livre. Citons simplement en exemple le cas du Premier ministre indien, Narendra Modi. Avec 51,3 millions d'abonnés, il est le troisième homme politique le plus suivi sur Twitter derrière Barack Obama (110,5 millions) et Donald Trump (67,1 millions). Selon la correspondante du *Monde*, dès 2014 il déployait lors de ses meetings de campagne des hologrammes pour apparaître en 3D à travers toute l'Inde. Il a rejoint Twitter en 2009 et a fait de ce réseau une arme pour conquérir des voix, en particulier celles des jeunes. Cinq cents millions d'Indiens ont un accès à Internet, et la moitié de la population a moins de 25 ans. Outre Twitter, il est omniprésent sur Instagram, WhatsApp, Facebook, YouTube, Snapchat, et a même créé sa propre application pour smartphone, NaMo, qui lui est entièrement dédiée. En cinq ans, il n'a tenu aucune conférence de presse, mais s'adresse en hindi aux Indiens une fois par mois à la radio, sans contradicteur, dans un exercice intitulé « *Maan ki baat* », « La parole qui vient du cœur ». Modi dispose d'une armée de trolls professionnels chargés de disqualifier toute voix critique. Une militante de son équipe de campagne en 2013 a raconté dans un livre sorti en 2016, *I Am a Troll*, qu'elle a eu pour tâche pendant un an d'attaquer une liste de journalistes repérés pour leurs positions trop critiques à l'égard du Premier ministre…

Le clown et l'ingénieur

Depuis Arlequin et Pierrot (le comique et le ténébreux) jusqu'à Auguste, le fanfaron et le clown blanc, les clowns vont par deux. La dualité des rôles est au cœur du dispositif comique. L'un scintillant, parfois cynique, attire tous les regards ; l'autre, mal fagoté et gauche, lui sert de faire-valoir. Le fanfaron fait le spectacle, mais son acolyte menace de tout faire échouer. Ses initiatives tournent à la catastrophe, relançant les rires. Les traits de caractère peuvent changer, glisser de l'un à l'autre et d'un moment à l'autre, l'essentiel étant de maintenir en tension la polarité entre maîtrise et gaucherie, cynisme et naïveté, sagesse et folie, sérieux et comique, et de capter l'attention du public en multipliant les péripéties qui ravivent sans cesse le rire.

Avec l'avènement des réseaux sociaux, une nouvelle génération de conseillers politiques est apparue : docteurs en sciences informatiques, « ingénieurs du chaos », comme les appelle Giuliano da Empoli dans son essai éponyme*, capables d'exploiter les potentialités politiques du Web et de canaliser vers les urnes la colère née sur les réseaux sociaux. Dans l'ombre de l'agitateur histrionesque, il y a toujours un informaticien.

Sur la scène hypermoderne de notre carnaval politique, ce qui se joue, c'est le théâtre paradoxal de la dérision et de l'expertise, la synchronisation des fonctions carnavalesques et des machines algorithmiques. C'est ce qui permet de définir le pouvoir grotesque comme un « rouage » qui fait « partie inhérente des mécanismes du pouvoir ». Le pouvoir grotesque se donne à lire sous la figure clivée du clown et de l'ingénieur. D'un côté le clown comme accélérateur du discrédit, de l'autre le logiciel comme vecteur de mobilisation. L'un est extravagant quand l'autre est méthodique. Derrière le clown, un logiciel.

---

* Giuliano da Empoli, *Les Ingénieurs du chaos*, Paris, JC Lattès, 2019.

Sous le désordre apparent du carnaval, la rigueur des algorithmes. Car ce qu'il s'agit d'articuler, c'est la dérision et l'engagement. La dérision est le vecteur du discrédit ; l'engagement transforme par microciblage la colère en mobilisation électorale. Le carnaval ne doit rien à l'improvisation. Il obéit à des lois précises. Dans les coulisses du carnaval s'affairent les techniciens de l'« engagement », les marketeurs du Big Data.

Le prototype en est le couple formé par Beppe Grillo et l'expert en marketing Gianroberto Casaleggio, qui, à eux deux, ont inventé le Mouvement 5 étoiles. Mais partout où le pouvoir grotesque s'est imposé, c'est sous ce même visage de Janus qu'il s'est manifesté : le clown et l'informaticien. Donald Trump et Brad Parscale, Boris Johnson et Dominic Cummings, Viktor Orbán et Arthur Finkelstein, Matteo Salvini et Luca Morisi – l'inventeur de la « Bestia », un logiciel qui analyse le Big Data avec ses 3,6 millions de fans sur Facebook –, Bolsonaro et fils…

On pourrait les appeler des « agitateurs vortex », pour les distinguer des agitateurs d'idées qui se sont illustrés pour le meilleur et pour le pire tout au long du XXe siècle. Le « vortex » est cet instrument utilisé dans les laboratoires de chimie qui permet, par des impulsions rapides, d'agiter un liquide afin de mélanger ses composants. Il ne s'agit plus au sens strict de propagande, car la propagande s'adresse à tous de manière indifférenciée, alors que l'agitateur vortex ajuste ses messages à des profils particuliers à travers les réseaux sociaux. Ces messages sont fondés sur un microciblage de l'électorat et de ses attentes, filtrés dans le Big Data et profilés par les algorithmes. L'agitateur vortex doit son efficacité moins à son pouvoir de conviction ou à la pertinence de ses arguments qu'à la dynamique des interactions qu'il est capable d'impulser sur les réseaux sociaux. Il ne fonctionne pas à la persuasion ni même à la séduction, mais au profilage des conduites via les algorithmes et le Big Data.

2.
Bolsonaro, le mythe 2.0

Le jour de la prise de fonctions de Jair Bolsonaro, il s'est passé une chose étonnante à Brasilia. La foule de ses supporters, massée sur les pelouses de l'esplanade des Ministères, s'est mise à crier : « WhatsApp ! WhatsApp ! Facebook ! Facebook ! » Bien sûr, les bolsonaristes ne faisaient que saluer le rôle de ces applications dans la propagation des fake news qui avaient rendu possible la victoire de leur candidat, mais leurs acclamations révélaient une forme de pensée magique, celle qui attribue à de simples outils numériques une puissance obscure et les constitue en objets d'adoration, en mythes.

Qu'est-ce qu'un mythe, en effet, sinon la croyance qui attribue à un objet (fût-il numérique) une puissance magique ? Bolsonaro lui-même est considéré comme un mythe vivant par ses partisans, qui l'ont surnommé « Bolsomito », « Bolso le mythe ». Et, lorsqu'il a fait son entrée dans le palais présidentiel pour son investiture, ses invités officiels l'ont accueilli en criant : « Mythe ! Mythe ! Mythe ! »

Ses opposants, moins lyriques, l'appellent « o coiso », « la chose », « le machin », une autre manière de désigner le phénomène Bolsonaro comme un ovni politique qui reste pour beaucoup incompréhensible et innommable, et qui transforme de fait l'espace de la politique en un monde où la croyance a pris la place de la délibération démocratique. Quel genre de mythe est Bolsonaro ? Et qu'est-ce qui se cache derrière le mythe ?

Bolomonarchie numérique

« L'objectif du Parlement et de l'exécutif est de produire de la joie », a déclaré Bolsonaro, mais jusque-là il n'a guère produit que des clameurs de haine chez ses partisans survoltés et la consternation chez ses opposants. « Il parle toujours de mission. Il bâtit lui-même son propre mythe », explique le politologue Pedro Costa, de l'université Rio Branco. Une mythologie patriarcale, un panthéon familial dans lequel ses fils trônent comme des demi-dieux barbares à qui tout est permis. Il a aussi une fille, le résultat fâcheux d'un « coup de mou », affirme-t-il avec son élégance coutumière.

Ses fils, il les désigne par des numéros, 1, 2 et 3. L'aîné, Flavio, « le garçon » (« o garoto »), fraîchement élu sénateur, est soupçonné de corruption et de liens avec une milice mafieuse de Rio de Janeiro responsable de l'assassinat de la conseillère municipale Marielle Franco et de son chauffeur, le 14 mars 2018. Carlos, le « pitbull » du père, est conseiller municipal de Rio depuis l'âge de 17 ans et spécialisé dans la propagande sur les réseaux sociaux, où son frère compte une dizaine de millions de fans. C'est un peu l'Hermès de la mythologie familiale. Mais c'est son frère cadet, Eduardo, 34 ans, réélu député à São Paulo en pulvérisant le record absolu de voix pour une législative au Brésil, qui a rencontré secrètement à New York Steve Bannon, ex-conseiller en communication du président américain.

Car « Bolsomito » n'est pas tombé du ciel. S'il n'a guère fait campagne, cloîtré dans sa chambre d'hôpital après l'attentat qui a failli lui coûter la vie, la machine à fake news a fait campagne à sa place, multipliant comme des petits pains les votes en sa faveur. Le « messie » (Messias est son deuxième prénom) n'a pas eu à s'époumoner dans des meetings : son message anti-corruption a été porté par le bouche-à-oreille de la messagerie WhatsApp et les communautés Facebook. « Bolsomito » a été sacré roi par les réseaux sociaux. Pour cela, il a bénéficié du soutien de Paulo Guedes, un néolibéral formé à l'école des « Chicago boys » et devenu son super-ministre de l'Économie, et des conseils de Steve Bannon, l'ex-stratège de Donald Trump, passé maître en sorcellerie électorale, capable de transformer grâce aux fake news le plomb du discrédit en or, c'est-à-dire en votes.

Selon un article du quotidien *Folha* de São Paulo, un certain nombre d'entreprises ont financé pendant la campagne électorale l'envoi sur les réseaux sociaux de messages hostiles au Parti des travailleurs (PT). Le financement des campagnes électorales par des entreprises privées est illégal au Brésil, ce qui n'a pas empêché une fraude massive au cours de la semaine qui a précédé les deux tours de scrutin.

Des contrats allant jusqu'à 12 millions de réals (2,8 millions d'euros) ont permis d'envoyer aux électeurs par WhatsApp des centaines de millions de messages via des agences spécialisées telles que Quickmobile, Yacows, Croc Services ou SMS Market. Ces messages accusaient Fernando Haddad, le candidat du PT, de promouvoir l'homosexualité dans les écoles, ou prévenaient ses sympathisants qu'ils pourraient perdre leur emploi ou leur carte d'électeur s'ils votaient pour le PT. Les enquêtes électorales ont mis en évidence une vague en faveur de Bolsonaro dans les derniers jours de la campagne, au cours desquels son score est passé de 40 % à 46 %.

Dans sa chronique pour *El País*, l'essayiste et journaliste brésilienne Eliane Brum écrivait : « Si Donald Trump a inauguré la communication en ligne avec les électeurs dans le but d'éliminer la médiation d'une presse qui pose des questions inconfortables, son fan brésilien autoproclamé a franchi une étape supplémentaire [...]. » Le Brésil est devenu le laboratoire d'une nouvelle forme d'autoritarisme qu'elle qualifie de « bolo-monarchie numérique* ».

Les idées, écrivait Marx, deviennent une force matérielle quand elles s'emparent des masses. Désormais, ce sont les fake news qui ont remplacé les idées : elles s'emparent des masses via les réseaux sociaux. « Bolsomito » a trouvé dans les réseaux sociaux l'écosystème qui démultiplie sa puissance de convocation, parce que le réel et la fiction, la vérité et le mensonge y sont devenus interchangeables.

Les bolsonaristes ont découvert qu'ils pouvaient sur les réseaux sociaux donner aux mots la signification qui leur convenait. Comme l'écrit Evgeny Morozov : « L'économie gouvernée par la publicité en ligne a produit sa propre théorie de la vérité : la vérité, c'est ce qui attire le plus de paires d'yeux. » Ce n'est pas tant que le mensonge soit devenu la norme et que la vérité soit interdite ou exclue ; c'est leur indifférenciation qui est désormais la règle. Vérité et mensonge. Réalité et fiction. Original et parodie. Normalité et pathologique. Une vérité privée de tout

* Eliane Brum, « Bolsonaro (des)governa o Brasil pelo Twitter », *El País*, 6 mars 2019.

référentiel. «Vidés de leur contenu, de l'histoire et de consensus, vidés même des contradictions et des disputes, les mots sont devenus des cris, une force brutale», constate Eliane Brum.

Plus ce que vous dites s'éloigne des standards de la norme morale ou politique, de la charte historique (les droits de l'homme), plus votre discours acquiert une plus-value d'authenticité, de sincérité, de franchise. Dans les limbes numériques où se confondent le vrai et le faux, la réalité et la fiction, comment distinguer la démocratie de la dictature?

La ministre d'extrême droite israélienne Ayelet Shaked en a donné une illustration éloquente au cours de la dernière campagne électorale. Reprenant dans un clip les codes des publicités pour des parfums, elle joue les mannequins et vante les qualités d'un parfum dont le nom n'apparaît qu'à la fin. Il s'appelle «Fasciste». Dans les dernières images, elle se saisit du flacon et s'en vaporise. L'égérie de l'extrême droite israélienne en tailleur peut alors déclarer: «Pour moi, il a la même odeur que "Démocratie".» Ce clip provocateur a fait le buzz sur les réseaux sociaux, alimentant l'indistinction entre le fascisme et la démocratie. C'est le ressort mythologique de tous les prétendus « populismes », mais, sous le mythe, quelles sont les transformations sociales et politiques à l'œuvre ?

Les limbes du mythe Bolsonaro

L'anthropologue Rosana Pinheiro-Machado travaille depuis 2009 sur la manière dont le scénario politique et économique national affecte les individus et dont ceux-ci, en retour, façonnent le moment politique, favorisant le passage « du lulisme au bolsonarisme ». Son terrain d'enquête n'a pas été choisi au hasard : Porto Alegre, une ville réputée de gauche qui a accueilli le Forum social mondial et qui s'est donnée à Bolsonaro en 2018 – y compris ses quartiers les moins favorisés*.

Selon l'anthropologue, l'élection de Lula en 2002 avait ouvert au Brésil une ère nouvelle marquée par la réduction de l'extrême pauvreté grâce à l'adoption de politiques d'inclusion sociale et financière. Quarante millions de Brésiliens sont ainsi venus gonfler les rangs de

* Rosana Pinheiro-Machado, « Estive em 26 universidades dos EUA e ninguém pensa duas vezes antes de definir Bolsonaro : "fascista" », *The Intercept*, 18 mars 2019.

la classe moyenne. « Que ce nombre soit controversé ou non, écrit Rosana Pinheiro-Machado, il ne fait aucun doute que les conditions de vie des classes populaires, en particulier l'accès aux biens et aux droits, ont connu un changement sans précédent. » Ce « scénario d'inclusion par la consommation » a stimulé la croissance économique et permis au Brésil de résister à la crise économique de 2008 en se hissant sur la scène mondiale comme un partenaire émergent et fiable.

Mais, observe Rosana Pinheiro-Machado, il a aussi fait émerger chez ceux qui sont sortis de la pauvreté grâce aux programmes sociaux du Parti des travailleurs une idéologie consumériste qui privilégie, dans leur parcours, le mérite personnel, l'acquisition de biens de consommation et, d'une manière générale, les valeurs de l'individualisme plutôt que la mobilisation politique et l'engagement citoyen*.

Le récit luliste, qui reposait sur un scénario de croissance continue, consistait à dire aux masses populaires : « Enrichissez-vous », sans que le

* Rosana Pinheiro-Machado, « Le déclin du Parti des Travailleurs, l'ascension de la droite et la gauche orpheline », Autres Brésils, 11 juin 2015.

gouvernement de Lula touche aux privilèges des plus riches ni aux fortunes accumulées grâce à la corruption. Lorsque la crise a atteint le Brésil en 2013, ce grand récit s'est effondré, entraînant avec lui les partis traditionnels, le système démocratique, et, par un effet domino, provoquant la crise des « valeurs » démocratiques, laïques et humanistes.

La brèche ouverte par le « lulisme » s'est alors refermée, comme en témoignent les manifestations de masse qui ont touché le Brésil en mars 2013, des manifestations que l'anthropologue compare au mouvement français des « Gilets jaunes ». Parti de Porto Alegre et dirigé contre la hausse des tarifs d'autobus, le mouvement s'est progressivement étendu à tout le pays, rassemblant jusqu'à un million de manifestants et prenant pour cible l'organisation de la Coupe du monde de football de 2014, jugée trop coûteuse au regard des besoins en matière de santé ou d'éducation.

Les manifestations de juin 2013 ont été le prologue de cinq années de « limbes historiques », une période de transition au cours de laquelle le phénomène Bolsonaro (et non Bolsonaro lui-même) a pris naissance et s'est développé. Avec l'effondrement du grand récit de l'« émergence » du Brésil porté par Lula, le scénario Bolsonaro est apparu comme une option politique crédible et un récit alternatif. Celui qui, élu député pendant vingt-cinq ans, s'était contenté d'un rôle de seconde zone dans la politique brésilienne, une sorte de « bouffon » au sein du « bas clergé » parlementaire, a fait irruption au premier plan.

En 2013, Bolsonaro représentait 7 % des voix. La même année, il figurait parmi les personnes les plus recherchées sur Google. En 2014, il est passé de 7 % à 17 % après la destitution de Dilma Rousseff et, à partir de là, n'a cessé de croître. Le système politique, perçu comme corrompu, s'est effondré, et Bolsonaro s'est développé comme une alternative radicale. Entre 2013 et 2018, il a été l'homme politique le plus souvent invité à la télévision. Présent dans trente-trois programmes populaires, il est devenu un véritable phénomène médiatique.

Les trois B : les Balles, la Bible, le Bœuf

Depuis son élection, Bolsonaro gouverne via Twitter en suscitant des polémiques incessantes et en clivant la société brésilienne.

Comme Trump, son modèle, il domine l'agenda médiatique à coups de provocations. Ainsi a-t-il ordonné aux militaires d'organiser le 31 mars 2019, dans les casernes, les « commémorations qui se doivent » pour le 55e anniversaire du coup d'État de 1964, qui avait plongé le Brésil dans une dictature militaire pendant vingt et un ans. En avril 2016, lors de la séance de la Chambre des députés où a été votée la destitution de la présidente Dilma Rousseff (ex-guérillera torturée par les militaires), Bolsonaro avait dédié son vote « à la mémoire du colonel Carlos Alberto Brilhante Ustra », qui avait personnellement torturé la présidente. Le héros de Bolsonaro est l'un des tortionnaires les plus cruels de la dictature, coupable d'avoir emmené des enfants en bas âge voir leur mère se faire torturer, meurtrie et nue, pour faire pression sur eux. Deux mois plus tard, Bolsonaro avait affirmé à la radio Jovem Pan : « L'erreur de la dictature a été de torturer sans tuer. » Depuis, la photo du tortionnaire orne les T-shirts de ses partisans.

À l'occasion de visites officielles au Paraguay et au Chili, il a rendu hommage aux dictatures d'Alfredo Stroessner (1954-1989) et d'Augusto Pinochet (1973-1990). Mais, à la différence de ces deux pays, où les crimes de la dictature ont été punis, l'impunité des crimes du régime militaire au Brésil a suscité une sorte d'amnésie collective. « Il n'y a pas le moindre doute sur le fait qu'il s'agissait d'un coup d'État militaire avec le soutien de civils, au nom de la lutte contre le communisme », a déclaré Paulo Sérgio Pinheiro, ministre des Droits de l'homme sous la présidence de Fernando Henrique Cardoso (1995-2002).

Selon la Commission nationale de la vérité, il y a eu durant la dictature brésilienne quatre cent trente-quatre assassinats et des centaines de détentions arbitraires et de tortures d'opposants. Cela n'a pas empêché Bolsonaro, alors député, de se poster plusieurs années de suite devant le ministère de la Défense, un fumigène à la main, pour célébrer la date du 31 mars, notamment en 2014, lors du cinquantenaire. Bolsonaro n'a que faire de la vérité historique, comme il l'a prouvé lors d'une visite officielle en Israël où il a heurté jusqu'à ses hôtes en affirmant que « le nazisme était une idéologie de gauche ».

La plus grande économie d'Amérique latine est désormais gouvernée par les clameurs de haine des « croyants » du bolsonarisme. Une religion profane soumise non plus seulement aux règles des agences de notation et à leur trois « A », mais aux exigences des trois « B » : les lobbies du bœuf, les partisans du port d'armes (les balles) et les religieux pentecôtistes (la Bible). Cette religion n'a pas de credo, c'est le discrédit qui en tient lieu, un discrédit qui frappe toute la classe politique, accusée de corruption. Les croyants du bolsonarisme n'attendent pas de lui la vérité, mais la sincérité. Une sincérité qui ne souffre aucun tabou moral ou politique. Aucun interdit.

« Si cela n'engendrait pas tant de possibilités destructrices pour le pays, le phénomène Bolsonaro serait un objet d'étude assez fascinant, écrit Eliane Brum. Jair Bolsonaro est l'incarnation d'un phénomène beaucoup plus grand que lui, dont il tire parti. »

La spirale du discrédit qui gagne les démocraties ouvre la voie à la puissance dévoratrice du mythe. Car le mythe n'est pas un récit, c'est l'appel à un rassemblement collectif, une puissance de convocation d'un peuple, un rêve collectif autour duquel se regroupent les peuples sans récit. Dans la formation d'un mythe collectif, il y a la réapparition spectrale de quelque chose qui a disparu. Le mythe ne cache rien: il ressuscite. «Le rêve américain est mort, clamait Donald Trump pendant sa campagne. Si je suis élu, je vais le ressusciter.» Avec le mythe, c'est la puissance d'une identité perdue qui revient. Un Royaume-Uni souverain avec le Brexit. Une Amérique plus grande avec Trump.

Le jour de la prise de fonctions de Bolsonaro, le blogueur politique Filipe Martins, un de ses proches, a tweeté: «Le nouvel ordre est là. Tout est à nous. Deus vult.» «Deus vult», «Dieu le veut», est la formule latine de la Première Croisade. Depuis, Bolsonaro a nommé Martins conseiller spécial aux affaires internationales. Lors du second tour de l'élection présidentielle, il avait été plus explicite encore: «La nouvelle croisade est décrétée.»

Pour donner à cette croisade une réalité, Bolsonaro a construit la figure du «vagabond», le grand ennemi du Brésilien moyen: le stéréotype du marginal, pauvre, noir, dealer de drogue, progressivement étendu aux travestis, aux gays, aux habitants du Nord-Est, aux activistes en tout genre, aux féministes, aux universitaires... bref, à tous ceux qui menacent la stabilité de la famille traditionnelle.

La polarisation qui a favorisé la montée de Bolsonaro n'oppose donc pas seulement la droite et la gauche ; elle s'est aussi structurée autour de la question du genre. Selon Rosana Pinheiro-Machado, la « crise du genre masculin » est inséparable de la crise économique : « La masculinité a été doublement affectée par l'émergence de nouvelles voix féministes et par les difficultés liées à la crise économique. Dans ce monde fou où les filles parlent politique, Bolsonaro représente une figure militaire capable de rétablir l'autorité masculine et de garantir un ordre dans un monde désorienté. »

L'enquête réalisée par Rosana Pinheiro-Machado à Porto Alegre a montré que le phénomène Bolsonaro a pris de l'ampleur dans les semaines qui ont précédé les élections. S'est mis à gonfler de manière irrationnelle un phénomène d'« effervescence collective ». À la question : « Pourquoi votez-vous Bolsonaro ? », les ethnologues menant l'enquête obtenaient des réponses de plus en plus irrationnelles : pour la famille, pour Dieu, pour la corruption, pour le chien, pour tout. C'était un mouvement de radicalisation très émotif et contagieux, nourri par les réseaux sociaux.

Carnavalisation de la politique et politisation du carnaval

Des enquêteurs ont présenté une vidéo à de jeunes lycéens qui énuméraient les phrases les plus controversées de Bolsonaro. À la fin de la vidéo, les lycéens riaient et applaudissaient. Pourquoi riaient-ils ? « Parce qu'il est cool, parce qu'il est un mythe, parce qu'il est drôle, parce qu'il dit ce qu'il pense » : telles étaient les réponses les plus fréquentes. Certains allaient même jusqu'à nier que Bolsonaro prononce des discours de haine. Un garçon de 16 ans a résumé l'opinion générale : « Il n'a aucun discours de haine. Il ne fait qu'exposer son opinion, dire la vérité. » Le vote Bolsonaro apparaissait comme une provocation et comme un jeu, une sanction contre le système et un défi ludique. « Les non-dupes errent », disait Lacan. C'est devenu la loi des réseaux sociaux. Désormais, ils votent Bolsonaro ou Trump.

Le mythe Bolsonaro a deux visages. L'un regarde vers le passé de la dictature militaire et affiche les formes « sérieuses » de l'autorité, ses slogans et ses drapeaux ; l'autre est tourné vers le futur, il gouverne via Twitter et adopte les idéaux-types en vigueur sur les réseaux sociaux. La transgression, l'affrontement, l'outrance y sont surjoués, adoptés comme des postures ludiques et juvéniles.

Toutes les déclarations proto-fascistes de Bolsonaro, si extrémistes soient-elles, sont acclimatées, rendues acceptables et comme inoffensives sur les réseaux sociaux, ce territoire où le jugement politique ou moral est comme suspendu, créant une tolérance à la haine. Tout ce qui est excessif est relativisé par l'onction numérique, soumis à l'injonction du « tout dire », légitimé par la sincérité et l'authenticité.

Ce qui ne signifie pas que la violence en ligne soit sans danger. Car ce fascisme 2.0 a besoin de vrais meurtres pour ne pas se dissoudre dans le pur éther du mythe, comme l'ont montré l'assassinat de Marielle Franco et les nombreuses agressions contre les LGBT. Dans *El País*, Eliane Brum s'alarme des « violences commises par des agents des forces de sécurité de l'État au cours des 100 premiers jours de l'année, telles que l'exécution de 11 suspects à Guararema (SP) par la police militaire et les 80 coups de feu tirés sur une voiture familiale par des soldats à Rio ». Un véritable permis de tuer délivré par ce gouvernement, qui encourage la guerre entre Brésiliens, félicite les policiers qui tuent des suspects et autorise la vente libre d'armes à feu. Sans oublier les attaques contre les sans-abri : en trois mois, au moins huit mendiants ont été brûlés vifs au Brésil*.

Les parodies du fascisme ou du nazisme, comme celle de Chaplin dans *Le Dictateur*, seraient beaucoup plus difficiles à réaliser aujourd'hui, car le fascisme de Bolsonaro, les outrances de Trump ou celles de Salvini se présentent eux-mêmes comme des parodies. Ils se donnent à lire au second degré, teintés d'ironie, sous la forme de l'inversion du vrai et du faux, du légitime et de l'illégitime, de l'original et de la copie. Dans le monde des réseaux sociaux, le risque n'est pas d'être démenti, mais d'être moqué.

C'est la loi du carnavalesque politique, qui prend au Brésil une forme originale. Pendant que la politique se carnavalise sous les traits de l'outrance et de la déformation, le carnaval se politise en reprenant à son compte les droits

* Eliane Brum, « Cem dias sob o domínio dos perversos », *El País*, 12 avril 2019.

des minorités sociales, sexuelles, ethniques. Carnavalisation de la politique versus politisation du carnaval.

Le sociologue Éric Fassin rappelle sur son blog que le carnaval a affiché cette année une opposition déclarée au discours raciste, machiste et homophobe du nouveau chef de l'État : « Au défilé des écoles de samba, c'est Mangueira qui l'a emporté avec son hommage ouvertement politique à Marielle Franco » – la conseillère municipale noire de Rio et militante des droits des minorités assassinée un an plus tôt, presque jour pour jour, le 14 mars 2018. Le spectacle mettait également en scène l'histoire des dominations multiples qui, depuis toujours, font le Brésil. Les chars évoquaient aussi bien l'esclavage (aboli en 1888) que la dictature (de 1964 à 1985). « Jair Bolsonaro a donc tenté une contre-attaque avec un tweet qui fait curieusement écho à Donald Trump, dont il s'inspire : il a relayé une vidéo de golden shower (un homme urinant sur un autre)*. »

* Éric Fassin, « "Marielle presente !" Le carnaval politique du genre au Brésil », blog Mediapart, 14 mars 2019.

« Rien ne peut arrêter la fête ! »

Hasard du calendrier : lorsque le patient zéro atteint du coronavirus est diagnostiqué positif à São Paulo – un homme qui avait voyagé en Italie –, le carnaval bat son plein, jetant dans les rues plus d'un million de personnes emportées dans une même vague de corps entremêlés. « Tout ira bien. Rien ne peut arrêter la fête ! » estime alors un membre d'un groupe carnavalesque, alors que le Covid-19 a déjà infecté 3 904 personnes et fait 101 morts.

Le ministre de la Santé, Luiz Henrique Mandetta, appelle alors à un confinement strict, seul moyen d'enrayer l'épidémie. Mais, pour Bolsonaro, le virus est une « petite grippe ». À la mi-avril, certains hôpitaux sont saturés. L'État de l'Amazonas, grand comme quatre fois l'Allemagne, ne dispose que de cinquante lits. Au même moment, Jair Bolsonaro prend des bains de foule, dont les images circulent sur Twitter, et fait du jet-ski sur un lac de Brasilia, selon le site Internet d'information Metropoles. Puis il se décide à agir : il limoge son ministre de la Santé, alors que la crise s'accentue. Début mai 2020, le Brésil franchit le seuil des 10 000 morts.

Bolsonaro critique les mesures de restriction mises en place dans différents États par les autorités locales : l'interdiction des transports, la fermeture des commerces et le confinement massif. « Les États et municipalités doivent renoncer au concept de la terre brûlée », estime-t-il le 25 mars.

Le nouveau ministre de la Santé claque la porte après seulement quatre semaines. Son successeur fait alors le pari de la chloroquine, « remède miracle », selon Jair Bolsonaro, lequel révèle garder en réserve une « petite boîte » de comprimés de chloroquine pour sa mère de 93 ans. Il en aura bien besoin : début juillet, il annonce être lui-même atteint par le virus.

Les hôpitaux manquent de respirateurs, de lits en réanimation, d'équipements de protection pour les soignants ? Qu'à cela ne tienne : Bolsonaro appelle ses supporters à se rendre dans les hôpitaux lors de sa transmission hebdomadaire en direct sur Facebook pour voir si les lits sont occupés ou non.

Plus les chiffres sont alarmants, plus le déni de Bolsonaro s'affermit. Les courbes de la pandémie s'envolent : il décide de les supprimer. « Ne pas informer signifie que l'État est plus nuisible que le virus», lance pour sa part son ancien ministre de la Santé, Luiz Henrique Mandetta. «Cela revient à créer une réalité parallèle, comme si la compagnie du Titanic disait: “Nous avons sauvé tant de personnes”», déclare Thomas Traumann, ancien secrétaire à la Communication du gouvernement de gauche de Dilma Rousseff (2011-2016). Sur son site officiel, le ministère de la Santé présente le bilan quotidien avec un graphisme particulier: de gros caractères pour les chiffres des personnes rétablies et des caractères bien plus petits pour ceux des morts. «La manipulation de statistiques est une manœuvre digne de régimes totalitaires», tweete le juge de la Cour suprême Gilmar Mendes. «Ce trucage ne va pas dédouaner [le gouvernement] de la responsabilité d'un éventuel génocide», ajoute-t-il, accompagnant son message des mots-clés #CensuraNao (non à la censure) et #DitaduraNuncaMais (plus jamais de dictature).

« D'après mes informations, je me trompe peut-être, mais pratiquement personne n'a perdu la vie par manque de respirateurs ou de lits en soins intensifs», a affirmé Bolsonaro. Le Brésil a désormais dépassé le seuil des 40 000 morts et des 800 000 contaminations. Il est devenu, derrière les États-Unis et le Royaume-Uni, le troisième pays le plus endeuillé au monde par l'épidémie.

3.
« BoJo le clown » et son magicien

La victoire historique de Boris Johnson aux élections législatives du 12 décembre 2019 a clos le cycle politique du Brexit. Celui que les médias avaient surnommé « BoJo le clown » est devenu Premier ministre. Une victoire qui doit beaucoup à son principal conseiller, Dominic Cummings, le stratège de la campagne du « Leave », désormais installé au cœur de la machine d'État.

De cette victoire, Boris Johnson aura été l'artificier plutôt que l'artisan, multipliant les provocations contre ses partenaires de l'Union européenne et excluant vingt et un députés de son propre parti. Devant la fronde des députés, il est même allé jusqu'à proposer à la reine de suspendre les deux chambres, obligeant la Cour suprême britannique à siffler le hors-jeu constitutionnel et à suspendre à son tour ladite suspension.

« Get Brexit done » (« Faisons le Brexit »), n'a cessé d'affirmer Boris Johnson depuis sa nomination comme Premier ministre en juillet 2019. Le 31 janvier 2020, la nouvelle Chambre des communes a ratifié le traité de retrait de l'Union européenne négocié par Johnson avec les Vingt-Sept à l'automne 2019. Loin de marginaliser le premier ministre, la politique de la canonnière a payé. Elle a désorganisé ses opposants et mobilisé ses soutiens. In fine, la balance électorale a penché du côté des seconds. Prime à la casse plutôt qu'adhésion au projet politique de Boris Johnson : le Brexit attendait son « brexiteur ».

C'est à lui que revient désormais la tâche de sortir de l'Union, une manœuvre délicate et semée d'embûches confiée à un politicien imprévisible, connu pour ses frasques et ses écarts de langage, mais qui était le seul à revendiquer le job. Doté d'une majorité confortable, le trublion de la classe politique a pris les rênes d'un royaume qui a commencé à dériver loin du continent.

Un Montaigne de l'âge du clavier

L'excentrique du Brexit se retrouve au centre de la vie politique. Aux yeux des commentateurs, « BoJo le clown » s'est métamorphosé en stratège. Cela ne s'est pas fait tout seul. Il a fallu un magicien dans la coulisse. Les éditorialistes l'ont trouvé en la personne de Dominic Cummings, le nouveau conseiller de Boris Johnson.

Le mythe du conseiller du prince a toujours existé, mais il acquiert une nouvelle signification à l'ère de la crise de la souveraineté des États. Plus les chefs d'État apparaissent impuissants, plus on prête de pouvoir à leurs conseillers. Cummings, c'est du pain bénit pour les commentateurs. Beaucoup plus qu'un stratège de campagne et un communicant, il est une énigme à déchiffrer.

Depuis 2016, la vie politique britannique avait perdu ses repères. L'opinion, affectée de mouvements browniens, échappait à la sociologie électorale et se dérobait aux prévisions des sondeurs. Les ressorts de la colère populaire étaient si puissants que la raison semblait ne plus avoir de prise sur les événements.

Les périodes de crise suscitent des vocations de magicien. Et Cummings a de solides arguments à faire valoir en ce domaine. De la campagne en faveur du Brexit, dont il a été le stratège victorieux en 2016, jusqu'à son entrée triomphale, en juillet 2019, au 10 Downing Street, sa trajectoire épouse le nouveau cycle politique. Un sans-faute qui lui a permis de gagner toutes les batailles qu'il a engagées.

« Cummings semble diriger le pays à la place de Boris Johnson », s'indigne Dominic Grieve, l'un des conservateurs rebelles exclus du parti. « Nous avons déjà eu des chefs de gouvernement qui étaient très proches de leurs conseillers, mais jamais de personnes qui semblent autant contrôler le travail des ministres. [Cummings] se comporte comme un vice-Premier ministre. C'est comme si le Royaume-Uni était gouverné par quelqu'un qui n'a pas été élu* », s'inquiète Tim Bale, professeur de science politique à l'université Queen Mary de Londres.

Dans les manifestations contre le Brexit, des pancartes le caricaturaient en marionnettiste tirant sur les fils d'un Premier ministre blond et ventru. Le *Guardian* le qualifia de « nouveau

---

* Jean-Baptiste Chastand, « Dominic Cummings, le conseiller de Boris Johnson qui électrise le Brexit », *Le Monde*, 10 août 2019.

prince des ténèbres de Downing Street, dont la réputation de maîtrise malveillante a rapidement atteint des niveaux inégalés». «Il sera le Raspoutine de l'ère Internet», prédisent Andrew Greenway et Andrew Kakabadse, en septembre 2019, dans la revue de la haute fonction publique *Civil Service World*, qui le surnomme le «Svengali» du 10 Downing Street – du nom d'un personnage du roman *Trilby*, de George du Maurier, entré dans la langue courante pour désigner un manipulateur. «Un homme de la Renaissance moderne», «un Montaigne potentiel de l'âge du clavier», renchérit l'hebdo de gauche *The New Statesman*. «Il est soit fou, soit nul, soit brillant, et probablement un peu des trois», notait en 2013 Patrick Wintour dans le *Guardian*, qui titrait déjà son portrait «Dominic Cummings: génie ou menace*?».

Lors de l'entrée en fonction de Boris Johnson en juillet 2019, Cummings avait fait sensation par sa tenue vestimentaire. Aux côtés des ministres et des conseillers du nouveau cabinet en costume sombre, il était apparu tel un diable

* Ailbhe Rea, «The strange cult of Dominic Cummings», *The New Statesman*, 21 août 2019.

sorti de sa boîte, vêtu d'un tee-shirt froissé et d'un jean surbaissé, laissant entrevoir un boxer et le bas de son dos dénudé.

La photo de son arrivée au 10 Downing Street dans cet accoutrement est devenue virale. Depuis, les journalistes qui suivent l'exécutif se sont habitués aux tenues improbables du conseiller spécial. Invariablement chaussé de baskets, il porte souvent des sweats à capuche ou des gilets matelassés Adidas et des chemises ouvertes toujours froissées. « On dirait qu'il sort d'un lave-linge/sèche-linge », se moque un éditorialiste.

Cummings ne dédaigne pas non plus les bonnets, et il lui arrive même de porter des pulls troués qui font la joie des photographes. C'est qu'il s'agit moins d'habitudes vestimentaires que de la construction d'un personnage. Cummings campe le portrait d'un non-conformiste, mi-magicien mi-savant fou, avec l'énergie du franc-tireur doublée d'un souverain mépris pour les conventions et tout ce qui pourrait ressembler à l'ordre établi.

Son principal fait de gloire fut la campagne en faveur du Brexit, une véritable croisade et une obsession, au point d'installer dès son arrivée à

Downing Street une horloge dotée d'un compte à rebours égrenant les jours jusqu'à la date butoir d'un accord avec l'Union européenne.

Le slogan de la campagne, « Take back control » (« Reprenez le contrôle »), c'était lui. La fake news des 350 millions de livres sterling que le Royaume-Uni envoyait supposément à l'Europe chaque semaine, c'était encore lui. Mais il fut surtout le premier à utiliser dans une campagne les données précieuses de Facebook pour adresser à des millions d'électeurs indécis les messages destinés à les faire basculer dans le camp du Brexit. La première campagne gagnée par les algorithmes, qui devait conduire au scandale Cambridge Analytica.

Convoqué par le Parlement pour s'expliquer sur un dépassement du maximum de dépenses autorisé de 675 000 livres sterling – une violation délibérée du code électoral –, Dominic Cummings a simplement refusé de s'y rendre. Pour toute réponse, il s'est contenté d'un tweet désinvolte : « Si la responsable du software employé dans la campagne avait été renversée par un autobus, le Royaume-Uni serait resté dans l'UE. » Carole Cadwalladr, la journaliste du *Guardian* qui a révélé le scandale Cambridge

Analytica, a résumé l'affaire en un tweet : « Il s'agit de la plus grande violation de la loi électorale britannique depuis cent ans... »

Ian Lucas, le député travailliste qui avait convoqué Cummings devant la commission parlementaire du numérique, de la culture et des médias pour lui demander des explications, constate amèrement : « Les personnes au cœur de "Vote Leave" qui ont triché et enfreint la loi dirigent maintenant le pays. En tant que député, je me sens impuissant ! »

ANNA KARÉNINE, BISMARCK ET LES MATHÉMATIQUES

Il y a un an, le grand public a découvert Dominic Cummings grâce à un téléfilm produit par Channel 4 qui lui est consacré : *Brexit. The Uncivil War.* Dans le rôle de Cummings, le comédien Benedict Cumberbatch, qui a incarné Julian Assange dans *Le Cinquième Pouvoir* et Alan Turing dans *Imitation Game*, campe un personnage intelligent, colérique et sûr de lui, un ovni politique, amalgame inclassable d'ultralibéral et d'europhobe.

Cummings est difficile à cerner selon l'habituel clivage droite/gauche. Un échiquier conviendrait mieux, puisqu'il y emprunte ses figures selon les moments, cavalier ou fou, roi des campagnes, capable d'abandonner la partie une fois la victoire acquise, comme il le fit en 2016 après le référendum, lorsqu'il disparut de la scène publique pendant deux ans pour s'occuper de son bébé et lire tranquillement des ouvrages de physique quantique, des traités de stratégie militaire ou des romans de Tolstoï.

Quelques jours après l'entrée en fonction du Premier ministre Boris Johnson, au mois de juillet 2019, Martin Rosenbaum, un journaliste de la BBC, a fait une expérience surprenante sur Amazon. Alors qu'il surfait à la recherche d'un livre, il s'est vu proposer deux titres. Le premier était le célèbre roman de Dostoïevski *Les Frères Karamazov*; le second, un essai du Prix Nobel de physique Murray Gell-Mann, spécialiste de la physique des particules, intitulé *Le Quark et le Jaguar. Voyage au cœur du simple et du complexe.* Quel rapport entre la théorie des quarks et le roman de Dostoïevski ? Aucun, sinon que les deux livres avaient été recommandés par Dominic Cummings.

Il faut croire que les conseils de lecture de Cummings ont un certain pouvoir de prescription pour que les algorithmes d'Amazon repèrent ses choix peu orthodoxes. D'ailleurs, son éclectisme ne s'arrête pas là. « *Anna Karénine*, les mathématiques et Bismarck sont ses trois obsessions* », affirme Patrick Wintour dans le *Guardian*.

Cummings ne dédaigne pas non plus de citer le poète T.S. Eliot lorsqu'il s'agit de fustiger les députés conservateurs, qualifiés d'« hommes creux » : « Silhouette sans forme, ombre décolorée / Geste sans mouvement, force paralysée** ».

« Un anarchiste qui empoisonne l'atmosphère politique », dénonçait déjà le placide ex-Premier ministre conservateur John Major***, qui appelait à le mettre à la porte. « Un psychopathe professionnel », renchérissait David Cameron en 2014, autre ex-Premier ministre, qui eut affaire à lui dans son propre gouvernement, où il s'attira les foudres de l'administration alors qu'il était le conseiller du ministre de l'Éducation. Cummings

---

* Patrick Wintour, « Dominic Cummings : Master of the dark arts handed keys to No 10 », *The Guardian*, 26 juillet 2019.

** T.S. Eliot, « The Hollow Men », in *La Terre vaine et autres poèmes*, Seuil, coll. « Points Poésie », 2006.

*** Reuters, le 5 septembre 2019.

lui renvoya le compliment en le qualifiant de « sphinx sans énigme », une formule empruntée à Bismarck.

À peine assuré d'une majorité confortable au Parlement, qui devrait permettre au gouvernement, selon lui, de « ne pas s'inquiéter de l'impopularité à court terme », Cummings a ouvert un nouveau front : la haute administration. Dans un post de blog désormais célèbre, il déclare vouloir embaucher au 10 Downing Street des scientifiques spécialisés dans les données, des développeurs de logiciels, des économistes, mais aussi « des tordus et des marginaux », des « inadaptés », pour bousculer la fonction publique.

Plutôt que les diplômés d'« Oxbridge », il veut des « weirdos », des « gens bizarres », au nom d'une réelle « diversité cognitive ». Un appel à candidatures aussi long qu'un manifeste pour une nouvelle fonction publique, et qui ressemble à une déclaration de guerre contre l'administration.

On ne sait si l'offre d'emploi de Cummings a suscité des vocations. Mais un candidat s'est fait connaître : le magicien Uri Geller, qui a postulé par une lettre envoyée à Dominic Cummings. « Vous dites que vous cherchez quelqu'un aux “frontières de la science prédictive” ? Eh bien, ne cherchez pas plus loin », écrivait Geller dans sa lettre de motivation. « J’ai de vrais pouvoirs psychiques, il suffit de demander au Mossad, à la CIA ou au Pentagone », ajoutait-il, déclarant que sa carrière publique de magicien n’était en fait qu’un « masque parfait » pour cacher son activité d’espion pour les services secrets américains et israéliens*.

« Dans mon travail d’espion, j’ai participé à l’opération Tempête du désert [en Irak en 1991], aidé à localiser des tunnels secrets en Corée du Nord et utilisé mes compétences pour effacer des documents diplomatiques cruciaux en route vers Moscou », affirmait-il encore. Il proposait de mettre ses « pouvoirs psychiques » au service du gouvernement britannique pour faire plier l’Union européenne sur le Brexit.

Sur son blog, Cummings est allé jusqu’à identifier, non sans une certaine morgue, toute discussion à du bla-bla mondain inefficace : « Si vous voulez savoir ce que les personnages autour de Poutine pourraient faire, ou comment

---

* Amy Jones, « Uri Geller applies for job at No 10 after Dominic Cumming appealed for “weirdos” and “misfits” », *The Telegraph*, 7 janvier 2020.

les gangs criminels internationaux pourraient exploiter les trous dans notre sécurité frontalière, vous ne voulez pas davantage de diplômés d'Oxbridge qui, dans les dîners, discutent de Jacques Lacan avec des producteurs de télévision et répandent de fausses nouvelles sur les fausses nouvelles. Nous avons besoin de véritables jokers, d'artistes, de gens qui ne sont jamais allés à l'université et se sont battus pour sortir d'un enfer épouvantable, des cinglés à l'image des héros des romans de William Gibson. »

La littérature et l'algorithme

En se plaçant sous l'autorité de William Gibson, l'auteur du célèbre *Neuromancien* et inventeur du terme « cyberespace » qui a popularisé les possibilités naissantes d'Internet, Cummings cherche à se doter d'une aura magico-technique, celle qui préside aux grands réformateurs. Il est sans doute aussi soucieux de croiser les techniques et les savoirs que d'asseoir son pouvoir sur une classe politique qu'il juge dépassée par la révolution numérique, et, pour cela, de construire son propre mythe, sans lequel il n'y a pas d'emprise sur les esprits.

En quête de ces nouveaux profils capables de transformer le Royaume-Uni pour en faire une forteresse de la recherche scientifique et technologique, Cummings cite en exemple une héroïne de William Gibson appelée Cayce, qui souffre d'une véritable allergie au marketing (des marques comme Tommy Hilfiger la font littéralement vomir). Son « allergie » fonctionne aussi comme un sixième sens qu'elle met à profit en tant que consultante de marque et « coolhunter » (chasseuse de tendances). Elle peut observer un terrain de basket urbain à Los Angeles ou dans le centre-ville de Shinjuku et prédire quelles tendances deviendront virales à l'échelle mondiale. Mais son sixième sens n'est pas un trait de génie, c'est le symptôme d'une pathologie. En fait, elle souffre de paranoïa. Cayce est le prototype de l'être ubérisé. Âme délocalisée dans un monde global, elle est un pur produit de l'« économie du gig » (les petits boulots d'Uber et de Deliveroo). Cummings héroïse la pathologie en faisant d'un symptôme une vertu, et d'une allergie une performance. À ses yeux, l'allergie au marketing devient un atout marketing pour la boîte qui l'emploie.

Si Cummings puise volontiers ses images et ses héros dans les romans, il ne tombe pas pour autant dans ce que David Axelrod, le conseiller d'Obama, appelait le « complexe du magicien d'Oz », qui poussait les « storytellers » des années 1990 à plaquer sur un candidat une histoire édifiante et artificielle. Cummings, c'est l'anti-storyteller. « Si vous voulez faire des progrès en politique, déclare-t-il, n'employez pas des experts ou des communicants, utilisez plutôt des physiciens. »

Les médias qui lui sont favorables voient en lui un Léonard de Vinci moderne, tandis que ses détracteurs le décrivent comme un autodidacte foutraque qui avale les données à la vitesse d'un algorithme glouton. Il est vrai que l'universalisme qu'il affiche volontiers donne parfois le tournis à force de références et laisse l'impression d'un vertigineux name dropping.

Cummings est le représentant d'une nouvelle génération de stratèges politiques qui combinent les pouvoirs de la littérature et de l'algorithme et sont capables de synchroniser les images romanesques et les mathématiques théoriques. « Nous avons besoin de dirigeants qui comprennent Thucydide et la modélisation statistique », écrit-il, qui ont lu *Les Frères Karamazov* et *Le Quark et le Jaguar*. Cummings est un admirateur du « génie diabolique » de Bismarck, « car il était seulement intéressé par la victoire, pas par la cohérence ». Par ailleurs, il a pour livre de chevet *L'Art de la guerre*, de Sun Tzu, ce qui semble presque un cliché.

Le projet de Cummings vise à systématiser dans la décision politique l'usage du data mining (l'exploration de données) et de tout ce que l'on place sous le signe de l'intelligence artificielle. Derrière ce projet d'autogouvernance des algorithmes, il y a l'utopie d'une disparition de l'État et d'une dépolitisation radicale de la société. Les modèles de prédiction algorithmique capables de s'autoréguler et de se corriger par des mécanismes de rétroaction se substitueraient à la délibération démocratique. Dominic Cummings entend mettre en place ce que la philosophe du droit Antoinette Rouvroy appelle la « gouvernementalité algorithmique », soit « l'hypothèse d'un gouvernement du monde social fondé sur le traitement algorithmique (automatique) des données plutôt que sur la politique, le droit, les normes sociales, dans une multitude de secteurs d'activité et de gouvernement* ».

---

* Catherine de Poortere, « Gouvernementalité algorithmique : trois questions à Antoinette Rouvroy et Hugues Bersini », Point Culture, 2 décembre 2019.

Face à l'épidémie, Cummings, qui, comme l'explique Alicia Mornington, « est connu pour ses méthodes musclées et sa vision politique radicale, sorte de souverainisme mâtiné de libertarianisme de droite, aurait influencé la décision de ne pas ordonner un confinement début mars* ». Présentée comme le fruit d'un consensus scientifique impartial, la doctrine de l'immunité collective serait en réalité le résultat d'une idéologie politique façonnée par les agents du Brexit. Sous couvert de sauvegarder les libertés individuelles face à une disposition liberticide, il s'agissait en réalité de ne pas brider l'économie, au détriment de la protection des plus vulnérables.

Selon le *Sunday Times*, Cummings aurait résumé la situation ainsi : « On va défendre l'immunité de groupe, et si cela veut dire que quelques retraités vont mourir, alors tant pis. » Le 3 mars, lors d'une conférence de presse, Boris Johnson déclarait avoir « serré la main à tout le monde » en visitant un hôpital où se trouvaient des malades du Covid-19. Et il continuera de le faire. Ce n'est qu'après la publication, le 16 mars,

---

* Alicia Mornington, « Ce que la stratégie d'immunité de groupe britannique révèle du gouvernement Johnson », The Conversation, 13 mai 2020.

d'un rapport indépendant de l'Imperial College prédisant que 250 000 personnes décéderaient des suites du Covid-19 si l'approche de l'immunité de groupe se maintenait que Boris Johnson se décida, le 23 mars, à décréter pour trois semaines le confinement (sans en prononcer le nom). Quatre jours plus tard, il annonçait avoir été diagnostiqué positif.

Au même moment, Dominic Cummings se trouvait au cœur d'un scandale politique après que la presse eut révélé qu'il avait quitté Londres avec femme et enfant sans en avertir le Premier ministre, alors que le gouvernement demandait instamment aux Britanniques de rester chez eux pour se protéger de la pandémie. Cummings s'est justifié en expliquant qu'il avait voulu mettre sa famille à l'abri après qu'ils avaient contracté le Covid-19. « J'ai exercé mon jugement dans des circonstances exceptionnelles, alors que la vie d'un petit enfant était en jeu », a-t-il affirmé. Un choix « raisonnable », selon lui. Il a dû aussi s'expliquer sur sa visite à Barnard Castle, à une cinquantaine de kilomètres de Durham, le 12 avril. Une promenade d'une durée de cinq heures pour, a-t-il expliqué, « tester sa vision et ses capacités de conduite » !

4.
Matteo Salvini : la Bestia et l'éléphant

Depuis le triomphe électoral de Matteo Salvini, un animal s'est invité dans le débat politique italien : l'éléphant. Non pas un éléphant réel avec trompe et grandes oreilles, mais un éléphant métaphorique, celui de George Lakoff, le célèbre sociolinguiste américain devenu, avec son concept de « framing », le maître à penser des communicants politiques en Europe et aux États-Unis depuis le début des années 2000.

Enseignant à Berkeley, Lakoff avait l'habitude de dire à ses étudiants : « Quoi que vous fassiez, ne pensez surtout pas à un éléphant ! » – ce qui avait immédiatement pour effet de convoquer dans leur esprit l'image de l'éléphant, animal fétiche du Parti républicain. Nier l'éléphant plongeait paradoxalement son auditoire dans un univers peuplé d'éléphants, avec tous leurs attributs (gros, ridés, gris, dotés d'une trompe...).

Par cet exercice pédagogique qui a inspiré le titre de son best-seller *Don't Think of an Elephant!* le professeur de linguistique cognitive entendait démontrer à ses étudiants que le cerveau humain fonctionnait non pas de manière rationnelle et analytique, mais par association d'idées et d'images, regroupées et articulées au sein d'un certain cadre narratif, le fameux «framing».

Transposée dans le domaine politique, la leçon du linguiste permettait de comprendre comment le Parti républicain avait réussi à cadrer le débat depuis des décennies en en dictant les termes, c'est-à-dire un certain lexique et un ensemble de métaphores. L'enjeu des campagnes résidait moins dans la bataille des idées et des programmes que dans une forme de «hacking» linguistique qui visait à encadrer le débat en imposant ses propres termes.

Cet essai, publié dans les années 1990, a retrouvé une actualité depuis l'élection de Donald Trump. Le professeur Lakoff explique

que les médias sont responsables de sa victoire, car ils ont repris pour les dénoncer les fake news de Trump: «Trump utilise les mots comme des armes. Il est en train de gagner la guerre linguistique. Et les médias, en reprenant ses mots, en les critiquant, agissent comme son agence marketing.»

L'ÉLÉPHANT DU JOUR

Après l'entrée au gouvernement de Matteo Salvini et sa victoire aux élections européennes (34 %), l'éléphant de Lakoff a connu une deuxième vie en Italie. Inutile de dire aux analystes politiques de la Péninsule: «Non pensare all'elefante!», l'éléphant est dans toutes les têtes. Tous ceux que j'ai interrogés au cours de mon enquête sont unanimes: le succès de Salvini doit tout à l'éléphant de Lakoff.

«Lakoff avait raison, Salvini est l'éléphant de la politique italienne», commente Pippo Civati, l'ex-chef de file de la gauche du Parti démocrate, qu'il a quitté en juin 2015 pour fonder un nouveau parti, Possibile. «En dessinant les contours du débat, poursuit-il, la droite souverainiste a réussi à imposer les termes de la conversation nationale. Entre Salvini et le Mouvement 5 étoiles, la tenaille s'est révélée mortelle. On ne parle plus que d'immigration. »

Les discours antimigrants qui empoisonnent le débat public en Italie sont difficiles à combattre, car ils se déploient dans plusieurs champs à la fois et ne cessent de muter, de la bataille des chiffres (le nombre d'étrangers accueillis) à la guerre des mots (immigrés, sans-papiers, illégaux, réfugiés…), en passant par le conflit de compétence juridique (entre la souveraineté nationale et le droit de la mer), le choc des valeurs (identité, hospitalité), la guerre des images… C'est sur tous ces fronts simultanément que se mène la guerre des imaginaires. Les images présentes quotidiennement sur les écrans de réfugiés et de sans-papiers interpellés par la police, de bateaux-épaves abandonnés en mer et croulant sous les corps des naufragés, de murs ou de barbelés, ne relèvent pas du seul contrôle des frontières. Elles constituent, à force de répétition dans l'espace public, une performance collective dont les réfugiés sont les figurants malgré eux. Ils sont enrôlés dans le théâtre de la souveraineté perdue. Le contrôle de la frontière est un espace rituel, scénographique, qui a pour but de fantasmer, de célébrer la frontière ; c'est un sacrifice rituel dont les réfugiés font les frais.

La frontière n'est plus seulement territoriale, elle est morale, inquisitrice : elle sépare le bien du mal, nous des autres, le dedans du dehors... Elle accrédite le fantasme d'une Europe-bastion que l'on doit défendre coûte que coûte et produit une scénographie visuelle de l'état d'urgence face à de supposées invasions. Elle projette à travers l'image de ces réfugiés vêtus de combinaisons de survie l'idée de l'autre absolument inassimilable (« qui n'a pas vocation à s'intégrer »). Elle produit l'hyperbole médiatique d'États qui agissent en mer et sur terre, par patrouille ou « Patriot Act » à la française, comme un substitut à une souveraineté perdue. Elle fournit à des sujets vulnérables, en demande de contention et de protection, un imaginaire de l'entre-soi, le tableau d'un monde rassurant.

La bataille idéologique antimigrants est une guerre de mouvement ; elle ne cesse d'ouvrir de nouveaux fronts. Des alertes contre l'explosion migratoire aux réfugiés qualifiés d'« envahisseurs », de la rhétorique de l'appel d'air que provoquerait le modèle social européen à la théorie du « grand remplacement », elle fait feu de tout bois. Ses dernières cibles en date : les associations d'aide aux migrants et tous ceux qui leur prêtent assistance, tels que les militants aux frontières ou les sauveteurs en mer. Depuis la victoire des souverainistes, l'Italie a tout fait pour paralyser les opérations de sauvetage en mer – qui ont pourtant sauvé des dizaines de milliers de personnes depuis 2014 –, fermant les ports et déployant une stratégie de harcèlement judiciaire des ONG et des marins qui portent secours aux naufragés. Les accusations varient : trafic illicite de migrants, entrée illégale sur le territoire, désobéissance aux ordres des gardes-côtes, danger sanitaire lié aux déchets transportés par les navires des ONG...

Loin du concept gramscien tant rebattu d'« hégémonie culturelle », du contrôle de l'agenda (« agenda setting ») ou encore du « storytelling » cher à l'ancien Premier ministre Matteo Renzi, ce qui est central aujourd'hui selon Giusy Russo (experte en communication politique) et Francesco Nicodemo (ex-conseiller en communication de Matteo Renzi), c'est le concept de cadrage narratif (« framing »), à l'intérieur duquel on peut décliner des arguments proprement politiques.

« Si l'on n'est pas capable de le faire, on risque de subir "l'éléphant du jour", c'est-à-dire les thèmes et les mots de l'adversaire, estiment-ils. C'est ce qui est arrivé aux États-Unis avec Trump, c'est ce qui arrive en Italie avec les pentaleguistes [néologisme construit sur une contraction des termes italiens pour "5 étoiles" et "Ligue du Nord"]. Matteo Salvini maîtrise parfaitement le petit jeu qui consiste à dessiner "l'éléphant du jour", lequel a souvent des airs de taureau à exciter et va obséder ses opposants, renforçant en retour le soutien de ses partisans. Plus il est décrit en termes négatifs, plus il devient familier et sympathique pour la majorité des Italiens. »

Recoder l'identité italienne

Eva Giovannini, essayiste et journaliste de la Rai, analyse la montée en puissance de Salvini :

« Salvini sait très bien que, pour influencer les votes, il doit d'abord piloter le débat culturel, imposer son registre de langage et retourner la "pensée unique progressiste". C'est ce qu'il fait 24 heures sur 24 et 7 jours sur 7. Il impose son lexique, et tout le monde l'adopte – qu'on le critique ou qu'on l'imite. Il a retourné le sens de certains mots en italien. “Bon” a aujourd’hui une connotation négative qui évoque le “buonisme”, le politiquement correct des ONG qui soutiennent les réfugiés. Le “bon sens” a pris la place du “sens commun” dans la rhétorique salvinienne. Pour inaugurer sa politique anti-immigrés, il n’hésite pas à affirmer: “La Pacchia est terminée”, “Pacchia” désignant la fête, le bon temps, comme si les migrants venaient en Italie sur des bateaux de croisière pour s’amuser et profiter de la vie.»

Même l’innocent «bacione» («gros bisou») devient dans sa bouche une raillerie et un défi contre ses opposants. Ainsi a-t-il adressé le 31 mai un «bacione» à l’écrivain Roberto Saviano, menacé par la Camorra, pour lui annoncer dans un live Facebook qu’il allait lui retirer son escorte policière, soulevant un tollé sur les réseaux sociaux. «Bacione», ou le baiser qui tue.

La communication de Salvini se résume à la fabrique quotidienne d’un clivage ami/ennemi. D’un côté les Italiens, avec l’exaltation des valeurs traditionnelles, la famille, la religion, la nourriture…. De l’autre les Roms, les étrangers, les ONG, les professeurs, les gauchistes bien-pensants, les «buonistes» (humanitaires), les médias de gauche, le radical-chic, Roberto Saviano…

Les Italiens n'ignorent rien de sa vie privée, depuis les petites frustrations vécues à l'école maternelle jusqu'à sa vie sexuelle. Il poste sur Facebook des photos de ses compagnes et, chaque soir, de ses repas. Son compte Twitter est illustré de pizzas à son effigie, la nourriture accédant ainsi à une sorte de visagéité, ou de plats régionaux qu'il engloutit à l'occasion de ses visites à travers le pays. Un régionalisme agroalimentaire.

Pippo Civati y voit le retour à un âge d'or préindustriel et l'exaltation d'une forme de souverainisme « costumé » qui s'exprime à travers les us et coutumes italiens, au premier rang desquels figure la cuisine italienne.

« Il n'y a rien de mieux pour rassembler le peuple italien que la cuisine italienne, explique aussi Eva Giovannini. Salvini sait parfaitement qu'il doit entrer dans l'imaginaire de l'Italien moyen, et c'est pourquoi il utilise à des fins propagandistes des symboles de notre cuisine, des cannelloni aux lasagnes en passant par le Nutella. C'est du pur marketing. Salvini est le roi de ce techno-populisme qui s'enracine dans les algorithmes et déploie ses tentacules dans les millions de smartphones de la Péninsule. »

Salvini inonde en effet les réseaux sociaux de selfies culinaires. Chez lui, le selfie n'est pas seulement une métaphore, c'est le programme identitaire d'un retour à soi. Pour Leonardo Bianchi, journaliste et éditeur de *Vice* Italie, ces références relèvent à la fois « du nationalisme mussolinien et de l'orgueil culinaire italien ». « L'usage de la nourriture par Salvini correspond à sa volonté de se présenter comme un homme du peuple, qui mange comme le peuple et qui n'a pas peur de grossir comme le peuple. »

Il use de la même manière des signes religieux, comme le 18 mai 2019, à Milan, lorsqu'il brandit un chapelet et invoque la Vierge en conclusion du meeting des nationalistes européens, provoquant la colère de l'Église italienne. Ce qui ne l'empêche pas de récidiver au lendemain de sa victoire aux élections européennes, brandissant et embrassant la croix d'un chapelet pour clôturer sa conférence de presse.

Salvini n'hésite pas non plus à faire des clins d'œil à la mémoire historique des Italiens, s'adressant à la foule de ses partisans, pendant la campagne des européennes, depuis le balcon de l'hôtel de ville de Forli, là où Mussolini avait assisté à l'exécution de jeunes partisans de la démocratie dans les années 1920.

Salvini veut que chaque Italien puisse s'identifier à lui. Il s'efforce de refléter les pensées de l'homme commun, la nostalgie de l'ordre fasciste, les peurs du père de famille, qu'il attise par ses déclarations incendiaires sur la sécurité, ses habitudes vestimentaires et alimentaires. C'est le ministre des spaghettis et du ragoût en boîte que l'Italien mange au dîner.

Au risque de la faute de goût, comme le 26 décembre 2018, au lendemain du tremblement de terre en Sicile, lorsqu'il a posté sur son compte Facebook une photo le montrant en train de dévorer une tartine de Nutella. Comme l'a fait remarquer la sémiologue Giovanna Cosenza, « on ne peut prétendre représenter le peuple et s'empiffrer plusieurs fois par jour dans un pays où 5 millions de pauvres mangent peu ou rien ».

Sous la présidence de Reagan, le service de la communication de la Maison-Blanche gérait l'agenda de la présidence en définissant chaque jour la « line of the day », diffusée auprès des différentes branches de l'exécutif et de la presse accréditée, mais aussi à travers des messages télévisés adressés directement au public. Puis ce fut, dans les années 1990, la « story du jour ». Avec Salvini, c'est l'« ennemi du jour » qui structure la communication.

À chaque jour sa déclaration, sa vidéo Facebook, ses tweets, son interview, tous destinés à provoquer une réaction chez les adversaires politiques du leader de la Ligue du Nord, qui contribuent gratuitement à élargir son audience et à rendre plus performante son emprise sur les réseaux sociaux.

Du crucifix obligatoire dans les lieux publics à la traque des marchands ambulants sur les plages, du recensement des Roms à la remise en question des vaccins ou aux ONG requalifiées en trafiquants d'êtres humains : autant de points de focalisation destinés à créer un sujet de polémique artificiel capable de provoquer ses opposants, de mobiliser son camp et de rallier les indécis.

« Matteo Salvini était déjà Matteo Salvini avant les réseaux sociaux, rappelle Eva Giovannini. Il est entré en politique dans les années 1990, et il sait se mêler aux gens et leur parler clairement. Mais, en portant son parti de 3 % à 30 %, il a démontré qu'il savait aussi allier son flair politique à un usage chirurgical des algorithmes et du Web 2.0. »

La journaliste rappelle que Salvini et son spin doctor, Luca Morisi, un informaticien qui s'est spécialisé en philosophie, ont mis au point la machine de marketing viral la plus puissante de la politique italienne : un logiciel surnommé « la Bestia » qui analyse les données, le Big Data et les flux d'informations des réseaux sociaux. Avec ses 3,6 millions de fans sur Facebook, 1,4 million sur Instagram et 1,1 million sur Twitter, « Salvini oriente quotidiennement le débat dans les médias mainstream et au sein du monde politique. Avec Morisi, il a créé un jeu en ligne, lancé durant la campagne électorale de 2018, dans lequel chacun de ses fans pouvait s'inscrire et relayer les contenus publiés par la Ligue du Nord. Le gagnant avait ensuite la chance de rencontrer Salvini en personne – suprême honneur. Ce fut un grand succès. »

La « Bestia » est à la fois un atelier d'écriture et une salle de montage qui n'hésite pas à utiliser des majuscules, des photos floues, des mèmes artisanaux, des photomontages bricolés, un « arte povera » numérique. Mais c'est aussi une grande oreille qui peut capter les thématiques rencontrant un écho sur le Web.

Le mythe : une vie en citations

« Nous avons créé en 2014 un système : "Deviens le porte-parole de Salvini", dont on a beaucoup parlé, raconte Luca Morisi à Giuliano da Empoli*. L'utilisateur s'enregistrait et acceptait de tweeter automatiquement des contenus publiés par Salvini. Ce n'étaient pas des avatars, mais des personnes réelles qui acceptaient de donner un blanc-seing pour tweeter certains contenus dans certains contextes. L'initiative a eu du succès. Des dizaines de milliers de personnes, souvent novices sur Internet, ont accepté de s'enregistrer exprès sur les réseaux sociaux pour devenir les avatars du Capitaine. Mais, désormais, il y a une base tellement forte, même sur Twitter, que nous n'en avons même plus besoin. »

Le journaliste et écrivain Fabio Chiusi, spécialiste des politiques numériques, relativise

---

* Cité dans le livre de Giuliano da Empoli *Les Ingénieurs du chaos.*

cependant le rôle des réseaux sociaux dans le succès de Salvini. « Certes, il parvient à détourner l'agenda politique par le biais de ses tweets et de ses lives sur Facebook, ou de ses photos et vidéos sur Instagram, mais leur impact serait beaucoup moins fort si la télévision et la presse écrite n'avaient pas contribué à populariser son message depuis des années, alors que la Ligue du Nord se situait autour de 4 %. Certains talk-shows aux heures de grande écoute sont tellement habitués à accueillir Salvini que sa présence est devenue un cliché, un épisode récurrent d'un feuilleton – à la fois mise en scène et rituel – qui lui permet de répéter ses formules encore et encore, jusqu'à ce qu'un homme noir devienne pour le spectateur lambda un étranger, un ennemi, avant même qu'il s'en rende compte. »

Leonardo Bianchi, l'éditeur de *Vice* Italie, confirme l'analyse de Chiusi : « Les tweets ou les posts de Salvini ont pour but d'être repris par les médias traditionnels, dans un pays où la télévision est depuis longtemps le premier canal d'information. »

Mais, au-delà de l'impact sur les différents médias, Leonardo Bianchi souligne cette bizarrerie de la gouvernance numérique qui fait que les tweets de Salvini acquièrent une fonction performative, dans le sens où ses décisions sont souvent annoncées sur les réseaux sociaux par un mot-dièse. « Le cas du hashtag #chiudiamoiporti, en juin 2018, est exemplaire, car les ports italiens n'ont jamais été fermés par un acte formel du gouvernement, mais par un simple tweet devenu performatif, un acte de hashtag. »

Le Capitaine est devenu en quelques mois le leader européen le plus suivi sur Facebook, avec 3,3 millions de likes, contre 2,5 pour Angela Merkel et 2,3 pour Macron. Trump en a 22 millions, ajoute Morisi, mais « Matteo [Salvini] le bat en termes d'engagement du public : 2,6 millions de clics en une semaine pour Salvini contre 1,5 million pour Trump ».

La cohérence et la véridicité des messages comptent bien moins que l'ampleur de la résonance, qui couvre le spectre entier des opinions – partant de celles qui se revendiquaient il y a peu de la gauche radicale à celles qui appartiennent à l'extrême droite.

« Ce qui se joue en Italie, conclut Giuliano da Empoli dans son livre *Les Ingénieurs du chaos*, ce n'est pas la réédition des années 1920 ou 1930 du siècle dernier. Ce qui se joue est l'émergence d'une forme politique nouvelle façonnée par Internet et par les nouvelles technologies. »

« Salvini est l'incarnation de l'hégémonie culturelle que l'extrême droite a en quelque sorte réussi à établir dans le pays, écrit Fabio Chiusi. Et je suppose que c'est ça, l'éléphant de Lakoff. Cela explique pourquoi le débat sur la possibilité d'un retour du fascisme sous une forme ou une autre est aussi présent dans le débat public. Salvini a forcé toute la nation à se regarder elle-même dans le miroir, à plonger dans l'abîme de son visage... Nous sommes tous choqués, et nous nous demandons comment cela est devenu possible, comment et quand nous avons commencé à glisser dans ce territoire orbano-poutinesque où un selfie, une bannière ou un masque de Zorro peut vous mettre en difficulté avec les autorités. »

Depuis le Brexit et l'élection surprise de Trump et de Bolsonaro, c'est l'algorithme et l'analyse combinatoire du Big Data qui sont dotés de pouvoirs magiques pour gagner les batailles électorales. Les algorithmes et le Big Data organisent ce que Thomas Mann appelait « la vie dans le mythe », qu'il définissait comme une « vie en citations ».

C'est en effet dans le ciel constellé du Big Data et ordonné par les algorithmes que s'écrivent nos nouveaux mythes numériques. Ils en constituent l'éther et ont trouvé dans les réseaux sociaux l'écosystème qui démultiplie leur puissance de convocation et de dévoration des attentions et des expériences. En l'absence d'un récit collectif, c'est la puissance mythologique d'une identité archaïque qui refait surface : peuple, race, nation, ordre. Car le mythe ne cache rien : il ressuscite. Un Royaume-Uni souverain. Une Amérique plus grande. Un Brésil enraciné dans la fiction médiévale des croisades. L'Italie de Mussolini.

Andrew Breitbart, ce journaliste qui, après avoir participé à la naissance du *Huffington Post*, a fondé en 2007 son propre média, Breitbart News Network, devenu après sa mort le média de l'alt-right dirigé par Steve Bannon avec le succès que l'on sait, avait compris que les lecteurs ne reçoivent pas les informations comme des faits, mais qu'ils en font l'expérience viscéralement, comme un drame permanent.

Selon Breitbart, les récits les plus populaires étaient toujours des récits de victimisation et de vengeance. Ils mettaient en avant un sentiment de persécution qui avait besoin d'être légitimé.

Un leadership totalitaire inspiré par le manque

Matteo Salvini joue aussi de cette victimisation, qui lui permet d'associer son sort à celui de millions d'Italiens se sentant en insécurité et s'estimant lésés par l'Europe, par les migrants, par les élites politiques corrompues. Il ne manque pas d'exposer ses propres blessures existentielles comme des preuves d'empathie avec son peuple. Parfois jusqu'au ridicule.

Dans un livre-interview publié par un éditeur d'extrême droite proche du parti néonazi CasaPound et qui a créé la polémique à la foire du livre de Turin en mai 2019, Salvini racontait la première injustice qu'il avait subie à l'école maternelle lorsqu'on lui avait volé un jouet, une marionnette de Zorro. Le mot-dièse #Zorro est aussitôt devenu tendance sur Twitter, et, lors de ses meetings de campagne, Salvini a dû faire face à des contre-manifestants déguisés en Zorro, avec masque et chapeau noir.

L'historien du cinéma Hamilton Santià compare cette anecdote à l'effet « Rosebud » dans le film *Citizen Kane*, d'Orson Welles. « Orson Welles avait bien compris qu'il fallait chercher les motivations des gens dans le manque. Le fameux “Rosebud” de Kane est devenu l’objet magique de ceux qui luttent pour compenser un manque impossible à combler. Et même en politique, où la rationalité et la réflexion devraient régner, nous sommes maintenant victimes de ce même effet « Rosebud ». Charles Foster Kane, conclut l’historien, est le portrait magistral d’un leadership totalitaire inspiré par le manque. »

Après avoir fait éclater, pendant l’été 2019, la coalition gouvernementale avec le Mouvement 5 étoiles dans le but de provoquer des élections générales, Salvini a été mis hors jeu par l’alliance inattendue entre le Parti démocrate et le M5S sous l’égide de l’ancien Premier ministre Matteo Renzi. Écarté du pouvoir, le leader de la Lega (Ligue du Nord) a continué à arpenter les places italiennes jusqu’à ce que la pandémie le prive de ses estrades, pendant que le Premier ministre Conte bénéficiait d’un effet « rally around the flag » (réflexe patriotique de rassemblement autour du leader).

Le confinement n’a laissé à Salvini que les réseaux sociaux pour agiter l’opinion et motiver ses partisans. Mais, dans un pays qui comptait les morts par milliers, sa couverture de la pandémie est apparue confuse, incohérente. Le confinement ayant été décidé à la fin du mois de février 2020, il a appelé à une réouverture dans les zones les plus touchées de la Lombardie, puis, en un surprenant tête-à-queue, a exigé quelques jours plus tard un confinement complet. Ses tentatives de coup de force, comme l'occupation du Parlement pour protester contre les blocages ou ses messages affirmant que le virus provenait d'un laboratoire chinois, n'ont fait qu'aggraver sa situation.

Depuis, Salvini a abandonné sa chemise blanche à col ouvert au profit de lunettes cerclées de technocrate, d'un costume et d'une cravate. Une tentative pour changer d'image au milieu du gué qui n'a fait qu'accentuer l'impression qu'il « joue sa dernière carte », la presse faisant son miel de la « perte de vitesse » de Salvini, de la « dégringolade du Boss ». Même la « Bestia », son cher miroir, ne lui renvoie plus la même image. « Coraggio, Capitano » (« Courage, Capitaine »), « Tu manques de pot, Matteo », « Ils essaient d'avoir ta peau ». Sans compter les insultes, que le staff de la « Bestia » n'arrive même plus à filtrer : « Bouffon ! », « Chacal ! », « Bello ciao ! » (« Salut, mon beau ! »).

Cependant, bien avant l'épidémie de coronavirus et sa manœuvre ratée pour provoquer des élections anticipées, Salvini avait perdu la bataille du récit face au *Sea-Watch*, un navire humanitaire chargé de naufragés qui avait forcé son passage jusqu'aux côtes italiennes. Un épisode qui mérite d'être rappelé tant il est exemplaire de la guerre des imaginaires qui se joue en Europe sur la question de l'immigration.

La jeune capitaine du navire, Carola Rackete, n'a pas seulement forcé le barrage des gardes-côtes ; elle a bousculé le navrant tête-à-tête des nationalistes et des institutions européennes. « J'ai été surprise de voir à quel point cela devenait personnel. Il devrait s'agir de l'échec de l'Union européenne, pas d'individus comme moi qui se trouvent dans la photo. » Salvini avait beau l'accuser d'être « hors la loi », elle lui opposait la figure du capitaine souverain, seul maître à bord. C'est ce qui donnait à son acte sa puissance de libération.

« Capitaine courage », « Capitaine Europe », « l'Antigone de Kiel » (sa ville natale), « Jeanne d'Arc » ou « Notre Dame de l'Europe » : les surnoms n'ont pas manqué pour qualifier la courageuse capitaine. Ses supporters se sont levés de partout, du curé de Lampedusa, qui a dormi dix-sept nuits à la belle étoile, les yeux braqués sur le *Sea-Watch*, aux maires de Naples et de Palerme. Des millions de tweets ont été échangés sous le mot-dièse #FreeCarolina, et trente théologiens (dont le neveu du pape François) ont proclamé leur solidarité avec elle.

Si le geste de Carola Rackete forçant l'entrée du port de Lampedusa a mis en fureur l'ex-ministre de l'Intérieur, ce n'est pas en raison des légers dégâts occasionnés à la flotte italienne, mais parce qu'il était tombé en une nuit du mauvais côté de l'histoire. Celui qui, jusque-là, s'amusait sur Twitter aux dépens des « buonistes » de gauche et des ONG « pro-immigration », qu'il dépeignait en trafiquants d'âmes, apparut soudain comme un démagogue qui jouait avec la vie des gens. Matteo Salvini pouvait bien ordonner l'arrestation et la saisie du navire, tempêter sur Facebook – « C'est un acte criminel, un acte de guerre » –, il avait perdu la bataille du récit. Il n'était plus ce superhéros capable de repousser les barbares aux frontières. Il était devenu le Joker grimaçant qui s'acharnait contre le capitaine Courage.

5.
Trump : souveraineté du discrédit

Les superhéros de bandes dessinées ont leur ennemi juré. C'est même à cela qu'on les reconnaît. Pas de Spider-Man sans Bouffon vert, Docteur Octopus et ses quatre bras ou Lézard, étonnamment rapide, endurant et agile. L'antagonisme est au cœur de l'univers des superhéros. Si Batman, Spider-Man et leurs innombrables variantes luttent pour le bien de l'humanité en général, ils doivent se battre aussi pour eux-mêmes, pour conserver ce qui fait d'eux des superhéros, leur superhéroïsme, contre leurs ennemis, qui cherchent moins à les anéantir qu'à les priver de leur aura.

Superhéros du négatif

En décembre 2019, avant que le président Donald Trump ne soit débarrassé par un vote du Sénat de la procédure d'impeachment lancée contre lui par la majorité démocrate, son équipe avait publié un spot dans lequel il incarnait le superhéros Thanos, un seigneur de guerre qui peut détruire en un claquement de doigts la moitié de l'univers. Dans la vidéo, postée par « The War Room Trump », le compte Twitter de la campagne pour sa réélection, Trump/Thanos claquait des doigts pour faire disparaître Nancy Pelosi, présidente de la Chambre des représentants, mais aussi Jerry Nadler et Adam Schiff, respectivement président du Comité judiciaire et du Comité du renseignement de cette même chambre.

En janvier 2016, Donald Trump avait emprunté la phrase clé de son discours d'investiture à Bane, l'ennemi juré de Batman dans le film *The Dark Knight Rises*. Les fans de Batman ont aussitôt reconnu non seulement le message, mais son intonation. « Nous reprenons Gotham aux corrompus et nous le redonnons à vous, le peuple », lançait Bane, le terroriste affublé d'un masque respiratoire, aux habitants de Gotham City.

En 2020, la musique servant de fond sonore au premier trailer de sa campagne est empruntée à la bande originale créée par Hans Zimmer pour le *Batman* de Christopher Nolan. Un porte-parole de Warner Bros a indiqué que l'utilisation de la bande-son du film *Batman* « n'avait pas fait l'objet d'une autorisation ». Le lendemain, elle avait disparu. Mais comment dénoncer la police de caractères utilisée pour le slogan de campagne, qui emprunte elle aussi à la trilogie *Batman* ?

De nombreux supporters de Trump se sont étonnés de le voir incarner un héros négatif, « the villain », le méchant que les autres superhéros poursuivent pour l'empêcher de nuire. Certains amateurs de la saga ont rappelé que Thanos assassinait sa propre fille adoptive dans sa quête du pouvoir. D'autres ont souligné que Thanos est tué à la fin de la série, un mauvais présage pour la réélection de Trump. Une remarque de bon sens, mais qui passe à côté de l'essentiel. Steve Bannon, l'ex-conseiller de Trump en 2016, ne se comparait-il pas au Joker du film *Batman* ?

Trump excelle à jouer les héros négatifs. Il comprend d'instinct la logique narrative des campagnes électorales, sur fond de discrédit des hommes politiques. Hitchcock disait : « Meilleur est le méchant, meilleure est l'histoire. » « Je suis inévitable », déclare Thanos à Iron Man dans une scène d'*Avengers*. Voilà le message. « Les démocrates de la Chambre peuvent pousser leur mise en accusation tant qu'ils le veulent, la réélection du président Donald Trump est inévitable », concluait la vidéo.

Les métaphores se déplacent à leur guise, comme leur nom l'indique. Et il arrive qu'elles se retournent contre ceux qui les empruntent. Ainsi de la métaphore de Batman, dont Trump use et abuse depuis trois ans. Avec l'épidémie de coronavirus, elle a changé de signification. Au soir du 11 mars 2020, les chauves-souris semblaient s'être donné rendez-vous dans le Bureau ovale. Elles tournaient au-dessus de la tête de Donald Trump, qui n'en menait pas large, car elles n'évoquaient plus la toute-puissance des superhéros de la panoplie trumpiste, mais l'omniprésence du virus. Quant à Bane, sa présence prenait une tout autre signification. Ce qu'il apportait au peuple n'était pas le pouvoir, mais le coronavirus.

Virus, langage et leadership

Quand une nouvelle dynastie arrivait au pouvoir en Chine, l'empereur devait, selon la tradition confucéenne, organiser une cérémonie de « rectification des noms ». Si la précédente dynastie avait échoué, pensait-on, c'est que les noms ne correspondaient plus à la réalité et qu'il convenait d'en trouver d'autres.

C'est ce qu'a tenté de faire Donald Trump le 11 mars 2020. Au cours d'une allocution solennelle enregistrée dans le Bureau ovale, il a changé le nom du Covid-19, le qualifiant de « virus étranger ». Mais cette rectification, comme toujours, s'est faite dans le désordre et n'a pas clarifié grand-chose, chacun dans ses rangs ayant sa propre idée sur la nationalité d'origine du virus.

En parlant de « virus de Wuhan », Mike Pompeo, le chef de la diplomatie américaine, provoqua la colère de Pékin. Robert Redfield, le directeur des Centers for Disease Control and Prevention, le corrigea en affirmant lors d'une audience au Congrès qu'il était « absolument faux et inapproprié » d'utiliser des étiquettes telles que « virus de Wuhan » ou « virus chinois ». Le principal risque de propagation de l'épidémie, expliqua-t-il, venait d'Europe: «C'est de là qu'arrivent les cas. Pour dire les choses clairement, l'Europe est la nouvelle Chine.»

Trump lui emboîta aussitôt le pas en annonçant qu'il suspendait pour un mois tous les vols en provenance d'Europe, à l'exception du Royaume-Uni. «Nous ferons tout ce qui est en notre pouvoir pour empêcher l'infection et les porteurs de l'infection d'entrer dans notre pays», prévint-il lors d'un rassemblement à North Charleston, assénant son credo devant ses partisans en liesse. Mais pour de nombreux conservateurs, sans doute désireux de détourner la colère des Américains vers Pékin, l'origine du virus reste chinoise, «made in Wuhan».

Loin de rassurer les marchés, la suspension des vols entre l'Europe et les États-Unis eut l'effet d'une douche froide sur les investisseurs, qui s'attendaient à d'importantes mesures de soutien à l'économie américaine. Les critiques vinrent de ses adversaires démocrates, mais aussi de son propre camp.

On se perd dans ses rectifications successives. Et sans doute lui-même ne sait-il plus très bien d'où vient le virus ni où le poursuivre. Aussi longtemps que possible, il a minimisé la gravité de l'épidémie, soucieux de ne pas compromettre les bons résultats économiques, son principal atout en vue de la réélection. L'œil sur les cours des marchés, il a multiplié les déclarations rassurantes en joignant le geste à la parole, serrant des mains à tout-va, sans s'inquiéter du message que son comportement adressait à l'opinion.

La chronologie de ses tweets parle d'elle-même :

7 février : « Alors que le temps commence à se réchauffer, le virus, espérons-le, va s'affaiblir, puis disparaître. »

14 février : « Nous sommes en très bonne forme. »

24 février : « Le coronavirus est sous contrôle aux États-Unis. »

28 février : « Un jour, c'est comme un miracle, ça va disparaître », et : « C'est leur nouveau canular. »

4 mars : « Certaines personnes n'iront même pas chez un médecin ou à l'hôpital, et elles iront mieux. »

12 mars : « Les États-Unis, à cause de ce que j'ai fait et de ce que l'administration a fait avec la Chine, nous avons 32 morts à ce stade. »

15 mars : « C'est un virus très contagieux. C'est incroyable. Mais c'est quelque chose sur lequel nous avons un énorme contrôle. »

16 mars : « Non, ce n'est pas sous contrôle, nulle part dans le monde. »

17 mars : « J'ai senti que c'était une pandémie bien avant qu'elle ne s'appelle une pandémie. »

Les extraits de ses discours, montés comme la bande-annonce d'un film catastrophe, répètent le même message : « L'épidémie est sous contrôle. » Dans une vidéo mise en ligne sur son compte Twitter, le *Washington Post* a recensé dix-neuf des déclarations optimistes du président sous le titre « Les dix-neuf fois où Trump a minimisé le coronavirus ».

Pendant ce temps, l'épidémie gagnait du terrain. Trump dut se rendre à l'évidence : le virus ne désarmait pas. C'étaient les marchés qui dévissaient. Non seulement le marché des actions, mais aussi celui des obligations. Pire, les valeurs refuges – l'or et les bons du Trésor américain – ne trouvaient pas preneurs, sans doute faute de liquidités. Les marchés financiers, qui jusque-là dansaient le tango de la volatilité avec ce président imprévisible, montraient des signes d'essoufflement et se retiraient sur la pointe des pieds.

Le mercredi 11 mars, « jour de la rectification des noms », le relèvement de l'épidémie de coronavirus au stade de pandémie par l'OMS fit paniquer Wall Street, dont le principal indice, le Dow Jones Industrial Average, enregistra une chute de plus de 20 % par rapport à son dernier record en février. Ne manquait plus que la guerre des prix entre la Russie et l'Arabie Saoudite sur le marché du pétrole, menaçant l'industrie américaine de gaz de schiste, pour fragiliser la reprise économique. Trump consentit à faire une brève déclaration depuis le Bureau ovale, un discours en forme d'oxymore, oscillant entre la reconnaissance de la gravité de la crise et sa volonté d'en minimiser la portée.

En affirmant que l'avenir des États-Unis restait « plus radieux que personne ne [pouvait] l'imaginer », tout en minimisant l'épidémie, qu'il qualifiait encore de canular quelques jours auparavant, Trump jouait à la fois de la litote et de l'hyperbole pour ne pas effrayer les marchés et rassurer ses électeurs.

Litote : « Ce n'est pas une crise financière, c'est juste un moment temporaire que nous surmonterons ensemble en tant que nation et en tant que monde. »

Hyperbole : « l'effort le plus agressif et le plus complet pour affronter un virus étranger dans l'histoire moderne ».

Litote: «Tout se déroule bien. Beaucoup de bonnes choses vont avoir lieu.»

Hyperbole: «Le virus n'aura aucune chance contre nous.» «Aucune nation n'est plus préparée ou plus résiliente que les États-Unis.» «En raison des politiques économiques que nous avons mises en place au cours des trois dernières années, nous avons de loin la plus grande économie du monde.»

Dans un éditorial intitulé «Virus et leadership», le *Wall Street Journal* s'inquiétait, lui, de l'incapacité du milliardaire républicain à relever le défi de cette crise sanitaire mondiale. «Lorsque le président Trump identifie une menace, son instinct est de la nier, de s'arc-bouter et de riposter. Cela a souvent été efficace politiquement, mais, dans le cas du nouveau coronavirus, cela a nui à sa capacité à diriger.» Soudain, le grotesque butait contre le mur de l'épidémie. La puissance du discrédit qui enflammait les foules et l'avait porté au pouvoir ne pouvait rien contre le virus. Elle risquait même de se retourner contre ceux qui étaient en charge de la santé publique. Une première mondiale pour ce pouvoir grotesque, qui se donna à lire au travers de mille signes d'incompétence, d'indécence et de stupidité.

Pour Richard Haass, président du Council on Foreign Relations, le discours de Trump était d'abord remarquable par sa « xénophobie », mais il n'a pas préparé les Américains à ce qui arrive ni permis de corriger le fiasco des tests. « Nous sommes sur le point de prouver l'adage selon lequel les choses doivent s'aggraver avant d'empirer. »

Cecilia Muñoz, qui a été la directrice du conseil de politique intérieure de Barack Obama de 2012 à 2017, a jugé que les commentaires répétés de Trump sur le mur et la fermeture des frontières étaient « un signal clair qu'il se concentre sur les mauvaises choses ». Le virus est déjà aux États-Unis, a-t-elle expliqué. « Le problème à la frontière est évidemment un impératif politique pour lui. C'est bien que nous puissions avoir cette conversation, mais cela n'a rien à voir avec la propagation de ce virus », dit encore Muñoz.

David Litt, une ancienne plume d'Obama, n'a pas mâché ses mots : « En tant qu'ancien rédacteur de discours présidentiels, mon analyse rhétorique minutieuse est qu'il va tous nous faire tuer. » Susan Glasser, rédactrice en chef du *New Yorker*, a tweeté : « Le langage militariste et nationaliste du discours de Trump ce soir est frappant. »

L'EFFET DOMINO DU DISCRÉDIT

Le théoricien de la guerre Carl von Clausewitz a forgé l'expression « brouillard de guerre » pour désigner le climat d'incertitude qui prévaut pendant un conflit. « Ce que nous vivons actuellement, c'est le brouillard d'une pandémie », écrit Derek Thompson, le chroniqueur médias de *The Atlantic*, constatant la fragilité des statistiques relatives à l'épidémie.

Les taux d'infection, de létalité, les courbes de progression, les données économiques constituent un épais brouillard traversé par les discours des gouvernements. On sent bien que, après avoir retardé au maximum le confinement de leur population, les responsables politiques se sont décidés à l'écourter, contre l'avis des experts en santé publique, afin d'anticiper la reprise normale de l'activité économique.

Donald Trump, dont la réélection en dépend, est sans doute le plus pressé de refermer l'épisode de l'épidémie. Mais tout porte à croire que la survie des gouvernants, indexée à une telle politique du chiffre, se fera aux dépens d'une réponse sanitaire crédible. Car la progression de l'épidémie de coronavirus ne se mesure pas seulement à l'augmentation du nombre de contaminés et de décès dans le monde. Elle se traduit par un mal moins repérable à l'œil nu et tout aussi contagieux: le soupçon qui mine toutes les formes de discours autorisé et que l'on voit se répandre plus vite encore que le virus.

Au lendemain du discours de Trump du 12 mars, qui amorçait une prise de conscience de la gravité du mal, une journaliste du *Washington Post* l'exprima par une formule lapidaire: « Rien de rassurant dans ce qu'il a dit d'exact. Rien d'exact dans ce qu'il a dit de rassurant. » Une formule qui mériterait de passer à la postérité comme slogan de cette pandémie. On ne saurait mieux exprimer, en effet, le hiatus qui s'est installé dans les discours de Trump entre ce qui est exact et ce qui est rassurant, entre le domaine des énoncés vrais ou vraisemblables et celui des énoncés rassurants mais trompeurs.

En réponse à un tweet qui évoquait le « China virus », Trump écrivit que le mur était « en train de s'élever rapidement » : « Nous avons plus que jamais besoin du mur. » Quelques jours plus tôt, lors du rassemblement déjà évoqué à North Charleston, Trump avait repris son refrain sur le mur et les frontières en l'adaptant à la crise actuelle. « La sécurité des frontières est également une sécurité sanitaire, et vous avez tous vu le mur se lever comme par magie. » « Les mesures strictes aux frontières sont l'une des raisons pour lesquelles le nombre de cas aux États-Unis est faible », a-t-il ajouté.

La rhétorique du mur n'est pas nouvelle chez Trump. Elle associe au concept de frontière toute une syntaxe de la menace, du danger extérieur, de l'invasion. Elle a structuré ses discours de campagne en 2016, mais elle est de peu de secours contre l'épidémie. Le virus est dans la place, et il ne sert à rien de l'expulser en le qualifiant d'« étranger », qu'il soit chinois ou européen. On peut toujours lui coller l'étiquette « Made in Wuhan », « Made in Italy » ou « Made in Europe », le retourner à l'envoyeur ou l'exorciser comme on chasse un démon, il faudra d'autres moyens pour le vaincre.

Alors que l'épidémie démontre l'interdépendance des peuples et des nations confrontés à des défis planétaires (de l'écologie à l'économie, des déplacements de population au risque sanitaire), le mur est le seul point invariant qui structure la pensée de Trump. Cela ressemble à une obsession, mais c'est une diversion. Le trumpisme est la première teîkhocratie (du grec *teîkhos*, « mur, muraille »). Une autocratie fondée sur le pouvoir imageant des murs, sur l'icône des murs.

« La suspension par Trump des vols d'Europe vers les États-Unis est du pur théâtre politique, a réagi Wendy Brown, professeur de sciences politiques à l'université de Berkeley, dans un échange de courriels avec l'auteur de ces lignes. Bien sûr, il est normal de réglementer les voyages avec des zones spécifiques, comme la Chine, l'Italie et d'autres pays durement touchés, pour limiter la contagion. Mais la désignation par Trump de "l'Europe comme la nouvelle Chine du coronavirus" est absurde – ce qui apparaît de façon évidente à travers l'exclusion du Royaume-Uni et le développement endogène du virus aux États-Unis. Au contraire, cette nouvelle interdiction de voyager, ce nouveau "travel ban", a pour effet, comme toutes les fermetures de frontières nationales à l'ère de la mondialisation, de nourrir un fantasme de souveraineté étatique qui prétend contrôler l'érosion des forces transnationales et déplace les problèmes complexes vers un agent étranger hypostasié en opposant un "nous" national à un "eux" mondial.»

La politologue américaine est l'auteure d'un essai, *Murs*, qui repense l'érection des murs dans le monde non pas comme une reconquête de la souveraineté étatique, mais comme un fantasme de souveraineté face à l'érosion des souverainetés étatiques. «Contrairement à ce que certains prétendent, les murs actuels marquent moins la résurgence en pleine modernité tardive de la souveraineté de l'État-nation qu'ils ne sont des icônes de son érosion.»

C'est particulièrement vrai de l'épidémie de coronavirus, qui se joue des murs et des frontières. Loin de limiter la propagation du virus, le mur de Trump et ses «bans» (interdictions) se sont révélés impuissants à la contenir.

Déjà, la crise des subprimes s'en était prise aux biens des citoyens, à leur emploi, à leur maison achetée à crédit. Le coronavirus s'attaquait à leur corps, à leur vie. «La question la plus urgente n'est pas tant de savoir si le coronavirus est la crise qui va condamner l'administration Trump, mais plutôt si l'administration Trump est la crise qui va condamner l'Amérique», a déclaré Frank Rich, chroniqueur au *New York Magazine*.

L'animatrice de la chaîne MSNBC Nicolle Wallace, directrice de la communication de la Maison-Blanche sous George W. Bush, a comparé l'attitude de Trump face au coronavirus à celle de l'administration Bush face à l'ouragan Katrina: «Nous avons donné la preuve que nous étions incompétents, et des gens sont morts...» Au cours de la même émission, Eddie Glaude, professeur à l'université Princeton, a renchéri sur ce «moment Katrina» de la présidence de Trump: «S'il y a un moment pour ébranler les 40 % de gens qui permettaient à Trump, selon ses propres mots, de tirer sur quelqu'un sur la 5e Avenue, c'est bien maintenant, parce que ce sont des personnes âgées et des jeunes, des bébés. Ce sont des amis. Ce sont des êtres chers. Ce sont des vieux dans les maisons de retraite. C'est ta nana. Donc, il me semble que c'est un événement qui pourrait renverser un président.»

Selon un sondage de la radio publique NPR publié en mars 2020, 37 % seulement des Américains affirmaient avoir confiance dans les informations de Trump sur le coronavirus, 60 % déclarant avoir peu ou pas confiance. C'est un tournant dans l'opinion, d'après le journaliste Jay Rosen, ce sondage témoignant pour la première fois de l'échec du pouvoir magique des mensonges de Trump : « Le coronavirus représente une menace existentielle pour sa présidence. »

« BOUFFON MALÉFIQUE »

« Il est difficile de croire qu'un président puisse être aussi impitoyable et corrompu, écrit William Saletan dans un bilan de la gestion de la pandémie par Trump publié en juillet 2020 sur le site Slate. Mais c'est ce qui s'est passé. Trump savait que nous n'étions pas prêts pour une pandémie, mais il ne s'est pas préparé. Il savait que la Chine cachait l'étendue de la crise, mais il a couvert la dissimulation. Il savait que le virus se propageait aux États-Unis, mais il a dit qu'il disparaissait. Il savait que nous ne pouvions pas le repérer sans tests, mais il a dit que nous n'en avions pas besoin. Il a retardé l'application des mesures qui auraient permis de contenir la contagion. Il se moquait des masques. Il a essayé de faire taire quiconque disait la vérité. Et, face à de multiples avertissements, il a exposé le pays et relancé la propagation de la maladie*. »

Début janvier 2020, Trump a été averti de la présence d'un nouveau virus mortel en Chine. On lui a dit aussi que le gouvernement chinois sous-estimait l'épidémie. C'était clair, a-t-il rappelé, dans « les chiffres initiaux provenant de Chine ». Mais, à l'époque, il se répandait en déclarations optimistes. « Nous sommes en pleine forme, assurait-il dans une interview à Fox Business le 22 janvier. La Chine est également en bonne forme. »

Il préférait parler de l'accord de commerce qu'il venait de signer avec la Chine. « L'accord avec la Chine est incroyable, et nous commencerons très bientôt la phase deux. » Sur CNBC, Joe Kernen a demandé à Trump s'il y avait des « inquiétudes au sujet d'une pandémie ». « Non, pas du tout, a répondu le président. J'ai une excellente relation avec le président Xi. Nous venons de signer probablement le plus gros contrat jamais conclu. »

Dans son article de Slate, William Saletan n'hésite pas à accuser Trump de la mort de dizaines

* William Saletan, « The Trump Pandemic », Slate, 9 août 2020.

de milliers d'Américains: « Dans la pandémie, ses vices – vénalité, malhonnêteté, narcissisme, insouciance – sont devenus mortels. Ils ont produit des mensonges, des erreurs de jugement et des interventions destructrices qui ont aggravé le carnage. La débâcle du coronavirus n'est pas, comme le prétend Trump, un "problème artificiel" qui a gâché sa présidence. C'est l'accomplissement de tout ce qu'il est. »

Après la mort de George Floyd, un Américain noir étouffé par quatre policiers blancs lors d'une interpellation à Minneapolis le 25 mai 2020, l'éditorialiste conservateur du *Washington Post* George Will n'a pas non plus mâché ses mots contre Donald Trump: « La personne que les électeurs ont élue en 2016 pour "veiller à ce que les lois soient fidèlement exécutées" a déclaré le 28 juillet 2017 à des policiers en uniforme: "S'il vous plaît, ne soyez pas trop gentils lors des interpellations." Son espoir s'est réalisé pendant 8 minutes et 46 secondes sur le trottoir de Minneapolis. »

Prix Pulitzer du commentaire politique, George Will est l'un des éditorialistes les plus écoutés de la mouvance conservatrice. Depuis 2016, il ne cache pas le « dégoût » que lui inspirent

Trump et la manière dont le Parti républicain a capitulé en faisant de lui son candidat. Mais son article va beaucoup plus loin : Will appelle à la défaite de Trump à la prochaine élection, en novembre 2020, et à celle du Parti républicain au Congrès, en particulier, précise-t-il, « ces sénateurs qui gambadent encore autour de ses chevilles avec un appétit canin de caresses ».

Les néoconservateurs, exclus du pouvoir par Donald Trump à son arrivée à la Maison-Blanche, ont de bonnes raisons de lui en vouloir, mais ils ne sont pas les seuls. L'ancien président George W. Bush vient d'annoncer qu'il ne voterait pas pour lui en novembre. Colin Powell a décidé de voter Joe Biden. Un groupe de républicains, le Lincoln Project, fait campagne contre la réélection de Trump à coups de publicité négative sur les chaînes de télévision et de vidéos sur les réseaux sociaux. « Trump et ceux qui soutiennent le trumpisme constituent un danger clair et immédiat pour la constitution et la République », proclame leur profession de foi.

Selon George Will, les provocations du président depuis son élection, amplifiées par « les technologies modernes de communication », ont « encouragé dans le débat public une escalade d'une telle violence que le seuil du passage à l'acte s'est trouvé rabaissé chez des individus aussi dérangés que lui». Donald Trump «donne le ton à la société américaine, qui est malheureusement une cire molle sur laquelle les présidents laissent leur marque». Et Will de conclure: «Ce roi Lear de bas étage a prouvé que l'expression "bouffon maléfique" n'est pas un oxymore.»

« Bouffon maléfique»: en associant ces deux termes, l'éditorialiste conservateur met en évidence le caractère clivé du pouvoir de Trump, sur lequel la critique de ses opposants a constamment achoppé. «L'histoire est une blague», disait Henry Ford. Trump en a fait une politique.

Si la bouffonnerie relève le plus souvent du registre de la comédie et de la farce, sans intention maléfique, la tyrannie des bouffons utilise les ressorts du grotesque pour orchestrer le ressentiment des foules et réveiller les vieux démons sexistes, racistes, antisémites dont la liste des victimes s'allonge, de Pittsburgh à El Paso – en passant par George Floyd.

C'est là le moteur de son pouvoir hégémonique, qui s'impose non plus à travers des récits crédibles, mais par des blagues qui jettent le discrédit sur toutes les formes d'autorité (économique, médiatique, politique, médicale). Avec Trump, le grotesque a remplacé le récit (et le carnavalesque le romanesque) dans la conquête des cœurs et des esprits. Et ce carnaval s'est révélé tragique.

6.
Le pouvoir grotesque : un archaïsme techniquement équipé

« Le fascisme, écrivait Guy Debord dans *La Société du spectacle*, est un archaïsme techniquement équipé. Son ersatz décomposé du mythe est repris dans le contexte spectaculaire des moyens de conditionnement et d'illusion les plus modernes. » Car la haine de la raison et de la démocratie n'exclut pas le culte de la technologie, comme l'a rappelé Jeffrey Herf dans un livre fondateur, *Le Modernisme réactionnaire**. Herf montre comment les nazis s'appropriaient les techniques les plus avancées du capitalisme

* Jeffrey Herf, *Le Modernisme réactionnaire*, Paris, L'Échappée, 2018. Voir aussi Johann Chapoutot, *Libres d'obéir. Le management, du nazisme à aujourd'hui*, Paris, Gallimard, 2020.

et consacre tout un chapitre au rôle idéologique qu'ont joué sous le IIIe Reich les ingénieurs, qui ont pu participer au fanatisme idéologique du régime hitlérien et y trouver une sorte de raison historique. Nul antagonisme entre le caractère magique de la propagande nazie et la nature rationnelle des techniques que le régime met en œuvre dans l'industrialisation du pays et de son armement. Ainsi Albert Speer, qui fut le ministre de l'Armement de Hitler de 1942 à 1945, pouvait-il dans ses Mémoires s'exonérer de ses erreurs, qui étaient selon lui celles d'un « technocrate apolitique ».

Debord ne craint pas d'affirmer que « le fascisme n'est pas lui-même foncièrement idéologique. Il se donne pour ce qu'il est : une résurrection violente du mythe qui exige la participation à une communauté définie par des pseudo-valeurs archaïques : la race, le sang, le chef ». Il « se porte à la défense des principaux points de l'idéologie bourgeoise devenue conservatrice (la famille, la propriété, l'ordre moral, la nation) en réunissant la petite-bourgeoisie et les chômeurs affolés par la crise ou déçus par l'impuissance de la révolution socialiste ».

Cet éternel retour des vieux mythes indémodables actualisés par les techniques les plus modernes de diffusion et de conditionnement est illustré par le slogan du « grand remplacement », socle des politiques antimigrants de Donald Trump à Viktor Orbán et de Jair Bolsonaro à Matteo Salvini. Depuis une dizaine d'années, il est au cœur des techniques les plus modernes de manipulation des esprits par les GAFAM et leurs algorithmes et inspire la kyrielle d'assassins qui tuent aveuglément partout dans le monde.

8CHAN : « EIGHT-HATE CHAN », LE CANAL DE LA HAINE

Le 15 mars 2019, Brenton Tarrant, un suprémaciste blanc australien de 28 ans, ouvre le feu dans deux mosquées de Christchurch, en Nouvelle-Zélande, pendant la prière du vendredi, tuant cinquante et un fidèles. Dix jours plus tard, la mosquée d'Escondido, en Californie, est incendiée.

Le 27 avril suivant, dans le même État, la synagogue de Poway est la cible d'une fusillade qui fait trois morts. Selon la police, l'arme du tireur se serait bloquée, évitant un plus grand nombre de victimes. L'attaque a eu lieu six mois exactement après la fusillade de la synagogue de Pittsburgh, en Pennsylvanie, qui avait fait onze morts le 27 octobre 2018.

Le 3 août 2019, à El Paso, une ville du Texas à majorité hispanique, un homme de 21 ans entre dans un hypermarché Walmart bondé et tire avec un fusil d'assaut semi-automatique. Bilan : vingt-deux morts et vingt-six blessés, dont huit Mexicains et une majorité d'Américains d'origine hispanique.

Une semaine plus tard, dans la banlieue d'Oslo, Philip Manshaus tue par balle sa demi-sœur de 17 ans parce qu'elle était d'origine chinoise, puis se rend dans une mosquée où il tire sur les fidèles avec deux armes à feu. Peu avant, il avait déclaré vouloir provoquer une « guerre des races ». Lors de son audience au tribunal, il fait un salut nazi devant la presse.

Le 9 octobre, à Halle-sur-Saale, en Allemagne, un jeune homme de 27 ans en tenue militaire tente de pénétrer dans une synagogue dans le but de tuer le plus de juifs possible. C'était Yom Kippour. Se trouvant dans l'impossibilité d'entrer, il poursuit sa route et tire sur un restaurant de kebab, où il tue une personne, avant de prendre la fuite. « Désolé, les gars... Loser un jour, loser toujours », déclare-t-il en direct sur une plateforme d'extrême droite. Il voulait s'attaquer « aux juifs, source de tous les problèmes », et clamait sa haine du féminisme, qui provoquait un « déclin des naissances responsable de l'immigration de masse ». Féminisme et immigration font la paire quand il s'agit de trouver des responsables au « grand remplacement ».

Quelques mois plus tôt, un terroriste néonazi avait assassiné chez lui, à Cassel, le préfet chrétien-démocrate Walter Lübcke parce qu'il défendait la politique d'accueil des réfugiés d'Angela Merkel.

Le 28 octobre, à Bayonne, Claude Sinké, un ancien candidat Front national, tente d'incendier la mosquée de Bayonne, puis tire sur deux fidèles qui sortaient du bâtiment, les blessant grièvement. Le 4 décembre, à Madrid, une grenade est lancée dans l'enceinte d'un centre pour mineurs migrants. Un mois plus tôt, ce centre avait été ciblé dans un discours par le dirigeant du parti d'extrême droite Vox, Santiago Abascal.

Derrière cette série d'attentats qui ont émaillé l'année 2019, toujours le même fantasme : la race blanche serait menacée de disparition par les vagues d'immigration. Le terroriste d'El Paso disait avoir pris les armes pour résister à ce qu'il qualifiait d'« invasion hispanique du Texas ». Brenton Tarrant, l'auteur de l'attentat de Christchurch, avait mis en ligne un manifeste de plus de soixante-dix pages évoquant un « génocide blanc » et intitulé « The Great Replacement ».

Les cible de ces attentats : des mosquées, des synagogues, des centres d'accueil pour migrants. Leurs auteurs : des antisémites obsessionnels, des suprémacistes blancs, de vieux briscards racistes et de jeunes recrues fraîchement converties à la cause de l'« anti-remplacisme ».

Le forum 8chan – « eight-hate chan », le canal de la haine –, fermé après l'attentat d'El Paso, était devenu le point de ralliement d'une extrême droite mondialisée. L'iconographie employée par ses utilisateurs faisait volontiers appel à des références néonazies, mais renvoyait aussi aux images de la ségrégation aux États-Unis et en Afrique du Sud, ainsi qu'au suprémacisme blanc.

Ni théorie, ni concept, le « grand remplacement » serait « un simple nom », selon Renaud Camus, son « inventeur ». Un nom qui désignerait le phénomène le plus marquant d'une époque, comme la guerre de Cent Ans, la Fronde ou la Révolution française. Cependant, ces expressions ne prétendaient à rien d'autre qu'à nommer une séquence historique. Ce n'est pas le cas du « grand remplacement ». « Du phénomène en question, dit Renaud Camus, je ne saurais donner de définition, mais j'en puis offrir des synonymes : immigration de masse, submersion migratoire, changement de peuple et de civilisation, islamisation, africanisation, et enfin, le moins modéré, que j'emprunte à Aimé Césaire – lequel en usait dans un autre contexte, certes –, génocide par substitution. »

Le « grand remplacement » est un cri de guerre. Et, comme tous les cris de guerre, il tire sa force de sa simplicité. Nul besoin de longues explications. Il suffit de regarder autour de soi. L'invasion est mexicaine au Texas, turque ou kurde en Allemagne, africaine ou nord-africaine en France. Partout en Europe, elle a le visage de l'islam conquérant.

À coups de rhétorique inversée, les « antiremplacistes » accréditent depuis dix ans l'idée d'une occupation étrangère ou d'une « colonisation à l'envers » à laquelle on devrait opposer une « guerre de libération » et même une nouvelle « résistance ». Les envahisseurs sont là, reconnaissables à leur couleur de peau, à leur langue, à leurs vêtements. Ils occupent les rues et les esprits. Un peuple est en train d'en remplacer un autre.

Loin de rester cantonnées à des groupuscules extrémistes, ces idées ont gagné les couvertures de magazine et les plateaux de télévision. Elles inspirent les campagnes dites « populistes » en Europe et nourrissent les tweets de Donald Trump. En janvier 2018, celui-ci a déclaré : « Pourquoi fait-on venir ici tous ces migrants venant de pays de merde ? Les États-Unis feraient mieux de s'ouvrir à des immigrants de pays comme la Norvège. Quel besoin avons-nous d'Haïtiens en plus ? Qu'on les vire. » Quelques heures seulement après l'attentat de Christchurch, le président américain avait retweeté les propos d'une militante influente de la théorie du « grand remplacement » faisant écho aux revendications du terroriste.

Le vice-chancelier autrichien Heinz-Christian Strache, ex-président du Parti de la liberté d'Autriche (FPÖ), qui a depuis renoncé à la vie politique, disait vouloir « poursuivre le combat contre le grand remplacement » après la fusillade de la synagogue de Poway.

Ces propagandistes ne se soucient pas de récuser les statistiques que leur opposent démographes et sociologues. Ils ont pour eux la force des images. Il suffirait de regarder autour de soi pour voir, sans médiation ni recul, « l'évidence du remplacement ». Le « grand remplacement » donne un nom à une peur diffuse dans l'opinion. Ce n'est pas une idéologie, c'est un slogan qui, comme tous les slogans, est tissé de contradictions.

Le « grand remplacement » a déjà eu lieu, sinon comment expliquer qu'on puisse le constater comme une évidence ? Mais il est aussi imminent – c'est une menace qui appelle une réaction, une mobilisation immédiate. Il désigne une occupation visible et une invasion rampante. Dans son manifeste, le terroriste de Christchurch déclarait qu'il voulait « donner un nouvel élan aux oscillations du pendule de l'histoire, déstabiliser et polariser davantage la société occidentale ».

Le « grand remplacement » s'avance sous les couleurs du nationalisme, mais il doit son succès à la mondialisation, qu'il exècre. Enraciné et nomade, il s'appuie sur la fixité de ses référents identitaires (nation, langue, couleur de peau, religion, gastronomie), mais il est aisément transportable et adaptable d'un continent à l'autre. Il est un pur produit de cette mondialisation qui transforme les singularités en folklores et appartient au « remplacisme global » qu'il dénonce. Tribal et mondial à la fois. C'est un logo, une marque.

Il ne se définit que par lui-même et ne rend de comptes qu'à lui-même. Il se donne pour ce qu'il est : une résurrection du mythe. C'est un slogan hybride qui combine les nouvelles technologies numériques et le carburant mythologique. Cette alliance est au cœur de la montée des régimes ou partis nationalistes en Europe et aux États-Unis. Elle globalise le sentiment d'une perte d'identité et lui fournit un exutoire. C'est un totem, le totem de l'homme blanc menacé de disparition. Il renoue avec le culte des ancêtres et délimite un clan, une tribu connectée, une « communauté » totémique unie autour du mythe de sa propre disparition.

Car le « grand remplacement » n'est en rien une invention de Renaud Camus. Le terme a bien été lancé par lui en 2010 dans son livre *Abécédaire de l'In-nocence*, puis popularisé sur les plateaux de télévision français par Éric Zemmour. Mais la hantise de la disparition de la race blanche est une vieille lubie meurtrière apparue à la fin du XIXe siècle.

GATSBY LE MAGNIFIQUE

La hantise d'une disparition de la race blanche a inspiré non seulement les fascismes européens du XXe siècle, mais, avant eux, le suprémacisme blanc aux États-Unis. Dans un article récent intitulé « Un siècle de racisme », l'universitaire américaine Sarah Churchwell en a relevé des traces jusque dans le roman de F. Scott Fitzgerald *Gatsby le magnifique*, publié en 1925*.

Le cinéma a emballé dans des images fastueuses ce roman tragique qui dresse le tableau d'un monde sur le point de s'effondrer. Tous les ingrédients de la crise de 1929 sont là : l'argent roi, les fortunes vite faites, les amours à « l'éclat de pur argent », la plainte des saxophones dans la nuit, un bolide jaune pâle, le champagne qui coule à flots au cours des fêtes que donne Gatsby et où s'étourdissent les riches New-Yorkais…

---

* Sarah Churchwell, « American immigration : A century of racism », *The New York Review of Books*, 26 septembre 2019.

Rappelons l'intrigue du roman. Un soir d'été, le narrateur, Nick, se rend chez Daisy et Tom Buchanan. Daisy est sa cousine, et Tom un camarade de promotion, « l'un des ailiers les plus athlétiques que Yale ait comptés dans une équipe de football, un héros national en quelque sorte, l'un de ces garçons qui atteignent, à vingt et un ans, un tel niveau de réussite que tout ce qu'ils font par la suite a un arrière-goût d'échec ».

Pourtant, quelque chose cloche chez cet homme comblé par la vie, pur produit de l'oligarchie. Une faille que Fitzgerald décrit comme une contradiction entre la force physique, voire l'agressivité qui émane du personnage, et « l'élégance presque féminine de sa tenue de cavalier ». « C'était un corps capable de la plus extrême violence – un corps de brute. » Une virilité qui apparaît dépassée, sous le regard de Fitzgerald, minée de l'intérieur par une sorte de dégénérescence.

Tom est décrit par Fitzgerald comme une puissance sans emploi, une force accumulée qui cherche à se libérer. « La civilisation court à sa ruine ! rugit-il avec angoisse. Je suis d'un affreux pessimisme par rapport à ce qui se passe. As-tu lu *The Rise of Colored Empires*, d'un certain Goddard ? C'est un livre excellent. Tout le monde devrait l'avoir lu. L'idée, c'est que la race blanche doit être sur ses gardes, sinon elle finira par être engloutie. Une thèse scientifique, fondée sur des preuves irréfutables. [...] Nous sommes la race dominante. Notre devoir est d'interdire aux autres races de prendre le pouvoir [...]. Tout ce qui fait la civilisation, c'est nous qui l'avons inventé. Les sciences, disons, les arts, et le reste. Tu comprends ? »

Les arguments de Tom, comme le rappelle Sarah Churchwell, empruntent à deux best-sellers de l'après-Première Guerre mondiale : *The Passing of the Great Race*, de Madison Grant (1916), et *The Rising Tide of Color Against White World-Supremacy*, de Lothrop Stoddard (1920). L'auteur que cite Tom Buchanan dans *Gatsby le magnifique*, « un certain Goddard », est la contraction de ces deux noms : Madison Grant et Lothrop Stoddard. Et les deux livres avaient le même éditeur que Fitzgerald : Max Perkins.

L'histoire ne dit pas ce que Perkins a pensé de la satire que faisait Fitzgerald de ces « idées rassies », mais l'important, relève Sarah Churchwell, est de constater à quel point elles s'étaient généralisées, en grande partie grâce à la fausse légitimité fournie par les institutions culturelles, notamment les éditeurs, les magazines populaires et les professeurs d'université.

Fitzgerald avait découvert ces « idées rassies » alors qu'il était étudiant à Princeton, où il lui arriva d'aller écouter une conférence sur l'eugénisme. Le personnage de Tom était né dans son imagination au cours des soirées passées chez Mary Harriman Rumsey, à Long Island.

Mary était la fille du magnat des chemins de fer E.H. Harriman, l'un des hommes les plus riches d'Amérique. Encore étudiante, elle s'intéressait tellement à l'eugénisme que ses camarades de classe l'avaient surnommée Eugenia. Quelques années plus tard, elle avait convaincu sa mère, devenue veuve, de financer le nouveau centre pour l'étude de l'évolution implanté à Cold Spring Harbor, dans l'État de New York.

Le terme « eugénisme » (du grec « bien né ») avait été inventé en 1883 par un cousin de Charles Darwin, Francis Galton, qui avait appliqué aux êtres humains les théories de la sélection naturelle de Darwin sur le perfectionnement de l'humanité par le biais de la sélection.

L'« eugénisme positif », comme on l'appelait, revendiquait des idéaux progressistes d'amélioration de l'existence humaine – mais sa mise en œuvre reposait généralement sur un « eugénisme négatif» qui réprimait violemment ceux qui n'avaient pas été sélectionnés. Cela incluait la stérilisation forcée, adoptée dans plus de trente États américains, et visait de manière disproportionnée les citoyens noirs.

À rebours de l'eugénisme et du suprémacisme blanc, qui fondent la force sur la pureté de la race, Fitzgerald met en évidence chez Buchanan une forme de dégénérescence causée par son « égoïsme », qui ne suffit plus à nourrir son cœur de dominant blanc. L'auteur propose ainsi une sorte de phénoménologie littéraire du suprémacisme blanc, l'affirmation non pas d'une force et d'une puissance d'agir, mais bien au contraire d'une fragilité devant le monde qui change.

Gatsby est le représentant de ce nouveau monde. C'est un outsider à la fortune immense qui nargue la vieille ploutocratie avec ses fêtes somptueuses et menace même de prendre à Tom sa Daisy, son épouse « sophistiquée », pendant que lui ne trouve à s'encanailler qu'avec la femme d'un garagiste.

Quelque chose a fait perdre à Tom sa confiance habituelle, et cette insécurité nouvelle le pousse à faire l'important en évoquant ce qu'il croit être de grandes idées philosophiques prouvées scientifiquement, et qui sont en fait de vieux clichés racistes. « Il lit des livres profonds, se moque Daisy, avec des mots très longs dedans. »

Grant et Stoddard ne faisaient que rhabiller d'anciennes idées « eugénistes » avec les habits neufs du biologisme, mais la voix qui les anime a trouvé un écho puissant dans le monde en ruine des années 1920. Elle s'est même dramatiquement concrétisée dans l'Immigration Act de 1924, qui assignait des quotas d'immigration aux divers pays d'Europe (et du monde) et a eu pour conséquence de réduire l'immigration de plus de 90 %.

Le soutien populaire à cette loi a été énorme. Celle-ci est restée en vigueur pendant quarante ans, jusqu'à son annulation par Lyndon B. Johnson en 1965. Le sénateur Jeff Sessions, qui fut le procureur général des États-Unis dans l'administration Trump de 2017 à 2018, affirmait en 2015 que la loi de 1924 avait réussi à ralentir « considérablement » l'immigration.

Le livre de Madison Grant fut traduit en allemand, et l'idée d'hygiène raciale allemande s'inspirait de ses théories. Son influence sur l'idéologie nazie ne saurait être niée. Dans *The*

Nazi Connection (1994), Stefan Kühl a bien montré que les nazis tiraient leurs idées eugénistes des théories américaines, tout comme ils utilisaient les lois américaines sur la race pour légitimer les lois de Nuremberg de 1935. Hitler aurait même adressé une lettre à Madison Grant pour le féliciter. Son livre, *The Passing of the Great Race*, était sa « bible » ! Une bible que les avocats de la défense citèrent au procès de Nuremberg pour prouver que les États-Unis s'étaient livrés aux mêmes crimes que ceux pour lesquels les nazis étaient poursuivis.

« Toute vie est une entreprise de démolition », écrira quelques années plus tard Fitzgerald dans *La Fêlure* (*The Crack-Up*). Mais ses débris sont déjà dans *Gatsby le magnifique*. Fitzgerald y écrit des pages saisissantes sur la « vallée des cendres », une déchetterie où l'on brûle tous les rebuts de la société : « C'est une métairie fantastique où la cendre pousse comme du blé, entre des coteaux, des collines et des jardins grotesques, où elle prend des formes de maisons, de cheminées, de fumées qui s'élèvent et, se surpassant elle-même, va jusqu'à figurer des humains, qui n'émergent de cette atmosphère poussiéreuse que pour s'y dissoudre aussitôt. »

7.
Sous le règne de Stone, le Joker de la politique américaine

Lorsque, à l'aube du 25 janvier 2019, les forces du FBI, constituées de vingt-neuf agents en tenue de combat tactique et d'une flotte de 4 × 4 équipés de gyrophares, ont encerclé la maison de Roger Stone à Fort Lauderdale, en Floride, devant les caméras de CNN, elles ne venaient pas seulement arrêter un suspect dans l'affaire WikiLeaks. Elles assiégeaient un fantôme, un revenant qui officie dans les coulisses de la politique américaine depuis près d'un demi-siècle. CNN ne s'y est pas trompé qui, prévenu sans doute par quelque indiscrétion, avait posé sa caméra en face de la villa de Stone une heure avant l'arrivée du FBI.

Remis en liberté contre une caution de 250 000 dollars après avoir plaidé non coupable devant un tribunal fédéral de Washington, Stone est ressorti triomphant, avec ses éternelles lunettes rondes, son costume rayé et son nœud papillon, les bras en V comme son surmoi nixonien, face à la cohue de ses opposants et de ses partisans, les premiers brandissant des pancartes « Sale traître » et des drapeaux russes, les seconds des pancartes « Roger Stone n'a rien fait de mal ». Condamné en février 2020 à quarante mois de prison pour avoir menti au Congrès, il a été gracié en juillet 2020 par Donald Trump, son ami de trente ans.

Épilogue burlesque d'une ère politique dont Stone est le symbole et le révélateur*.

Du Watergate au Wikigate

De Nixon à Trump, avec quelques éclipses, Stone est un prisme à travers lequel on peut lire la transformation de la politique américaine. « Introduisez un peu d'anarchie, bouleversez

* Peter Baker, Maggie Haberman et Sharon LaFraniere, « Trump commutes sentence of Roger Stone in case he long denounced », *The New York Times*, 10 juillet 2020.

l'ordre établi, et tout devient chaos. Je suis un agent du chaos. » C'est par ces mots du Joker, le méchant de la BD Batman, qu'il aime à se définir.

Fasciné par Nixon, Stone entre en politique à 20 ans. Il participe à la campagne de Nixon pour sa réélection et restera proche de lui jusqu'à sa mort en 1994. Cet homme de l'ombre, spécialiste des coups bas et des campagnes de désinformation, est un véritable « marqueur » de l'histoire politique américaine des cinquante dernières années, avec ses côtés obscurs, ses dérives et son rapport trouble à la vérité.

Il n'a jamais joué les premiers rôles comme James Carville, Karl Rove ou David Axelrod auprès des présidents Clinton, Bush et Obama. C'est un éternel outsider qui doit se réinventer à chaque décennie. En 1996, alors qu'il conseillait le candidat républicain à la Maison-Blanche Bob Dole, Stone avait vu sa carrière dérailler quand son tabloïd préféré, le *National Enquirer*, avait affirmé, photos à l'appui, qu'il avait passé avec sa femme des petites annonces échangistes. « Une dame chaude et insatiable et son mari au corps musclé recherchent des couples similaires avec des muscles exceptionnels. » Les annonces, assorties de photos de Stone et de sa femme en tenues suggestives, s'adressaient plus particulièrement aux athlètes et aux militaires, tout en dissuadant les postulants présentant une surcharge pondérale. Stone démentit, mais fut contraint de démissionner de la campagne de Dole. Quelques années plus tard, il reconnut être l'auteur de ces annonces, affirmant, bravache : « Je suis un libertaire et un libertin. »

Entre l'affaire du Watergate, dont il fut à 20 ans le plus jeune inculpé, et celle du Wikigate, qui lui a valu sa dernière mise en examen en date, il a trempé dans tous les mauvais coups de la vie politique : lobbying, campagnes négatives, corruption, trafic d'influence, invention des « super-PAC », complot, fraude électorale, tabloïdisation de la politique… Par ses vantardises et ses provocations, le flamboyant spin doctor « illumine » la scène politique américaine comme on le dit d'une scène de crime : il en dévoile le cynisme et la corruption.

Son héritage politique le plus durable vient peut-être du rôle qu'il joua dans l'élection de G.W. Bush, en 2000, après l'opération de recomptage des voix en Floride. Plusieurs milliers de manifestants, pour la plupart pro-Bush, s'étaient rassemblés à Miami pour demander que le recomptage soit arrêté. « J'ai installé mon centre de commandement à un pâté de maisons du centre Clark, sur First Street. J'avais des talkies-walkies et des téléphones portables, et j'étais en contact avec nos collaborateurs dans l'immeuble. » Dans le documentaire *Get Me Roger Stone*, diffusé par Netflix, le principal intéressé raconte en détail comment il a provoqué l'interruption du recomptage des votes. Ces événements sont désormais connus sous le nom d'« émeute des Brooks Brothers », mais « la plupart des gens là-bas étaient des gens [...] attirés [par Stone] sur les lieux ». La foule est entrée dans les locaux, bousculant les agents et créant la confusion, ce qui a mis un terme au recomptage et permis à la Cour suprême de proclamer la victoire de G.W Bush.

Dans les années 1980, Stone a participé à l'essor des comités d'action politique (Political Action Committees ou PAC, avec leur variante XXL, les « super-PAC »). Ces comités, autorisés à recueillir des fonds en toute légalité pour financer les campagnes politiques, permettent de contourner les plafonds de dons imposés aux partis et aux candidats. En faisant pleuvoir des centaines de millions de dollars sur les campagnes électorales, ils ont contribué à inonder le marché politique de liquidités et à enrichir une armée de lobbyistes et d'intermédiaires.

Dans un article paru dans le *Time* le 26 juillet 2015, Gary Hart*, le favori de la primaire démocrate américaine à l'élection de 1988, alertait l'opinion contre la corruption qui, selon lui, menaçait les principes fondateurs de la démocratie américaine: « Il y a eu des scandales financiers d'un genre ou d'un autre au cours de l'histoire de notre pays. Cependant, jamais le gouvernement des États-Unis ne s'était systématiquement consacré à des intérêts particuliers, à des positions réservées, à des contrats parallèles, à des échanges de votes et à des accords privilégiés d'un genre ou d'un autre. »

Gary Hart dénonçait non pas de simples dérives, mais un système qui combinait des coûts de campagne exorbitants, des contributions politiques, des comités d'action politique, des commissions versées pour accéder aux élus

* Gary Hart dut renoncer à la course présidentielle après que sa relation extraconjugale avec une ancienne Miss eut été révélée par les journalistes du *Miami Herald*. Ce scandale a inspiré le film *The Front Runner*, sorti en 2018.

ou aux gouvernants. « Le mot clé, affirmait-il, ce n'est pas la corruption, c'est l'accès. »

À travers leur société de consulting Black, Manafort, Stone & Kelly, fondée après la victoire de Reagan, Roger Stone et ses comparses peuvent se vanter d'avoir inventé une forme décomplexée de trafic d'influence en ouvrant leur carnet d'adresses d'élus à des clients peu recommandables, comme des hommes d'affaires proches du président philippin Ferdinand Marcos, de Mobutu Sese Seko, le dictateur zaïrois, ou encore des rebelles de l'Unita en Angola.

Gary Hart écrit encore : « L'armée de lobbyistes, qui a commencé relativement modestement au milieu du XXe siècle, a connu une expansion rapide et s'est transformée en gros bataillons de cabinets d'avocats et de lobbyistes de droite et de gauche. Cette industrie gargantuesque accueille à présent les anciens membres de la Chambre et du Sénat, ainsi que leur personnel. Et ils deviennent tous fabuleusement riches. » C'est ce que Trump appelait pendant sa campagne « le marais », qu'il s'engageait à drainer s'il était élu. « Drain the swamp ! » Un sommet de cynisme, puisqu'il était précisément entouré de ceux qui avaient créé ce marais.

Selon OpenSecrets.org, une organisation qui surveille les activités des groupes d'intérêts, 3,34 milliards de dollars ont été dépensés en lobbying en 2017. Et les grandes firmes installées sur K Street, à Washington, qui emploient 11 444 lobbyistes, continuent de faire pression sur les politiciens du Congrès. Au lieu de s'assécher, le marais s'est étendu depuis l'arrivée de Donald Trump à la Maison-Blanche, avec l'aide de ses propres troupes.

Mais Roger Stone n'en a cure. Pour lui, « la politique est un divertissement » et « la seule chose pire que d'avoir tort, c'est d'être ennuyeux ». Lorsque vous ennuyez les électeurs en ne disant rien de nouveau et en ne prenant aucun risque avec des idées audacieuses ou des propositions qui bousculent le statu quo, ces derniers ont tendance à chercher ailleurs des idées et des candidats qu'ils trouvent intéressants. « Il vaut mieux être tristement célèbre que pas célèbre du tout. »

La haine, un moteur plus puissant que l'amour

Depuis les années Nixon, Stone n'a pas seulement intégré la dimension spectaculaire de la politique, il l'a élevée au rang de populisme de marché, un cocktail politique qui, selon Michael D'Antonio, un des biographes de Trump, mélange « culture populaire, patriotisme et une idéologie pro-business au sein d'un système de croyances* ».

Dans son livre *Stone's Rules***, Roger Stone expose un ensemble de codes et de règles indispensables pour s'assurer le succès en politique et dans les affaires. Sur cent quarante règles au total, cinquante-quatre concernent explicitement l'habillement : « Si la vie est une performance, soyez le costume » ; « Un costume bleu foncé bien coupé est nécessaire pour toute représentation publique où la crédibilité et l'autorité sont essentielles ». Stone a longtemps traité – et évoqué – sa garde-robe comme étant un élément clé du théâtre de sa vie en politique. Célèbre pour son penchant pour les costumes sur mesure à double boutonnage, il a un jour plaisanté en prétendant posséder plus de chaussures qu'Imelda Marcos, la femme de l'ancien

* Michael D'Antonio, *The Truth About Trump*, New York, St. Martin's Press, 2016.

** Roger Stone, *Stone's Rules. How to Win at Politics, Business, and Style*, New York, Skyhorse, 2018.

président philippin, connue pour son obsession des chaussures.

Stone est un performeur de l'âge post-politique, un artéfact qui a fini par triompher dans la sous-culture de masse, porté par les réseaux sociaux et la téléréalité. Son heure est venue avec la campagne de Trump, qu'il incitait à se présenter depuis les années 1980. C'est un inspirateur plutôt qu'un acteur des campagnes. Le soupçon sur le lieu de naissance d'Obama, c'est lui. L'inventeur du mur avec le Mexique, c'est encore lui. Le slogan « Lock her up » contre Hillary Clinton, c'est toujours lui.

Dans le documentaire *Get Me Roger Stone*, on le voit entouré de sa femme, de ses chiens et chats et de sa mère âgée de 91 ans, qu'il compare à la mère de Tony Soprano – un compliment, on imagine ! Lorsqu'on lui demande pourquoi il s'est installé à Miami, Stone cite Somerset Maugham : « C'est un endroit ensoleillé pour les personnes douteuses. Je me suis bien intégré. »

Stone est un maître du détournement. Il s'emploie depuis trente ans à recycler la vie démocratique en un cirque fellinien, avec pour seul principe sa marchandisation. Rien n'est plus profitable que le spectacle de la dévoration politique, le vertige de sa déception et de son embaumement en objet warholien.

La désinformation en Amérique est une entreprise rentable. Pour Stone, le fait même d'être inculpé constitue une occasion de booster la notoriété de sa marque. La publicité d'un affrontement juridique avec le procureur Robert Mueller lui offre la possibilité de tirer parti du marché florissant des médias pro-Trump. Et le profit à tirer de cette activité repose sur les récits alternatifs racontés par les partisans du président. La juge lui ayant interdit de commenter publiquement l'instruction de son dossier, Stone est allé jusqu'à soutenir devant le tribunal que cette entrave constituait une « violation de [son] droit à participer à la conversation nationale ».

Avec ses costumes flamboyants et ses implants capillaires, Roger Stone cultive une image de méchant caricatural. Il aime jouer les provocateurs et s'est taillé, en presque cinquante années, une réputation de roi des coups bas. L'insulte est caractéristique de l'usage qu'il fait des réseaux sociaux et des médias. Il conseille toujours de jeter le discrédit sur son adversaire plutôt que d'accréditer son propre candidat, attisant la violence des supporters et misant sur le clivage de préférence au rassemblement.

Le recours par Stone à l'agressivité, à la menace, est d'autant plus fréquent qu'il ne cherche pas à provoquer l'empathie, mais l'antipathie : insultes, tacles, fake, hoax… Les « like » des réseaux sociaux devraient être remplacés dans son cas par des « hate », car « la haine est un moteur plus puissant que l'amour* ».

Le jour de l'entrée en fonction de Trump, Stone apprend la mort de Wayne Barrett, un journaliste d'investigation de *The Village Voice* auteur d'une longue enquête sur lui. L'épitaphe qu'il lui consacre sur Twitter est sans ambages : « Wayne Barrett était un morceau d'excrément humain se faisant passer pour un être humain. Va pourrir en enfer, connard. »

Quand son intermédiaire avec WikiLeaks, un certain Randy Credico, passe aux aveux sous la pression du procureur Mueller, il se voit gratifier par mail du même traitement peu amène : « Tu es un rat, un traître, tu poignardes tes amis dans le dos. Prépare-toi à mourir. »

* *Ibid.*

Les insultes de Roger Stone lui valent un franc succès dans les médias. Mégalomane invité sur tous les plateaux pour ses provocations, il est devenu un chroniqueur omniprésent dans certains médias de l'alt-right.

L'univers du parrain

« L'élection de 2016 a été la première lors de laquelle les médias dominants ont perdu leur monopole sur la couverture de la politique américaine, écrit Roger Stone. De plus en plus d'électeurs vont s'informer sur des médias alternatifs chaque jour plus vigoureux, dont les exigences journalistiques sont supérieures à celles des grandes chaînes et des mastodontes du câble. »

Depuis ses premiers pas sous Richard Nixon, Stone n'a pas changé. Il a identifié l'efficacité de l'anti-élitisme. L'appel à la majorité silencieuse. « Nous sommes le parti de l'ouvrier. »

Stone vit et pense dans l'univers du *Parrain*, la trilogie de Coppola, dont le tournage s'est étalé des années 1970 aux années 1990, la période la plus intense de son activité de consultant et de lobbyiste. Il lui emprunte non seulement ses figures, qu'il imite jusqu'à l'outrance, mais surtout son affichage de la puissance.

Stone est un homme de l'emprunt. Son goût pour le clinquant de parvenu, ses Jaguar qu'il exhibe comme des conquêtes féminines, son ambiguïté sexuelle et son échangisme notoire, révélé par les tabloïds, l'ont condamné à n'être qu'un conseiller de l'ombre, jamais un officiel. Il vit dans un univers autoréférentiel, habité par ses propres mythes.

Veut-il inciter l'un de ses contacts à revenir sur ses aveux, c'est une image du *Parrain* 2 qu'il utilise, l'invitant à « faire un "Frank Pentangeli" », en référence à un kapo de la famille Corleone qui, dans le film, démentait ses propres déclarations au procès. Le monde de Stone est immuable. Les décennies s'envolent, les dynasties se perpétuent. Ce qui a fait sa fortune, c'est l'« univers mythique » dans lequel il évolue et qu'il a réussi à crédibiliser.

Cet univers mythique, on pourrait le qualifier de « carnaval cannibale », pour paraphraser le titre du dernier texte de Jean Baudrillard*,

---

* Jean Baudrillard, *Carnaval et cannibale*, Éditions de L'Herne, 2008.

écrit après l'élection d'Arnold Schwarzenegger au poste de gouverneur de Californie. Ce texte éclaire avec une décennie d'avance la logique à l'œuvre dans l'élection de Donald Trump : « Nous sommes en pleine mascarade, là où la politique n'est plus qu'un jeu d'idoles, et de marketing. » Derrière cette mascarade, Baudrillard décèle une stratégie politique de grande envergure qui dément nos éternelles illusions démocratiques.

« En élisant Schwarzenegger (ou encore dans l'élection truquée de Bush en 2000), dans cette parodie hallucinante de tous les systèmes de représentation, l'Amérique se venge à sa façon du mépris dont elle est l'objet. C'est par là qu'elle fait la preuve de sa puissance imaginaire, car dans cette fuite en avant dans la mascarade démocratique, dans cette entreprise nihiliste de liquidation des valeurs et de simulation totale, plus encore que sur le terrain de la finance et des armes, nul ne peut l'égaler, et elle aura longtemps plusieurs longueurs d'avance. »

Selon Baudrillard, l'hégémonie ne s'affirme plus seulement par l'exportation des techniques, des valeurs et des idéologies, mais par l'extrapolation universelle d'une parodie de ces valeurs. Il souligne la puissance symbolique de la dérision et de la profanation des valeurs, « cette impiété totale d'un peuple qui fascine tout le monde, vulgarité phénoménale, d'un univers (politique, télévisuel) enfin ramené au degré zéro de la culture ». Mais qui est aussi le secret de l'hégémonie mondiale… « Je le dis sans ironie, et avec admiration : c'est ainsi, par la simulation radicale, que l'Amérique domine le reste du monde, à qui elle sert de modèle. »

Au dernier jour de sa présidence, Barack Obama a confié à ses plus proches collaborateurs la leçon que lui inspirait la victoire imprévue de Donald Trump : « L'histoire n'avance pas en ligne droite, mais en zigzag. » Encore avançait-elle, selon lui. Pour la romancière et essayiste Joan Didion, qui a observé pendant trois décennies la vie politique américaine dans ses chroniques de la *New York Review of Books* et du *New Yorker*, l'histoire ne fait pas seulement des zigzags, elle régresse, et le commentateur de la vie politique se trouve condamné à accomplir une tâche « sisyphéenne ».

« Ce qui semblait clair à un moment de l'histoire disparaît de la mémoire collective, et le processus politique n'en finit pas de s'effondrer sur lui-même au cours de cycles d'informations et de commentaires qui emportent tout sur leur passage, dans ce qui est devenu notre rivière nationale, le Léthé*. » Le fleuve de l'oubli, une temporalité dépourvue de qualité narrative, une éternité mythique qui fige toute vie en symbole.

Ce fleuve de l'oubli charrie bien des choses depuis les années 1970. Des photos d'escort girls providentielles, des registres de comptes de campagne et des bordereaux de recomptage de votes, des procès-verbaux d'interrogatoires, des listes de cambrioleurs surpris dans la nuit, une robe tachée de sperme, des disparitions inexpliquées, des sextapes, des menaces de mort, des voitures qui explosent au bon moment ou s'enfoncent lentement dans un bras de mer avec une passagère à bord, des dynasties présidentielles, des mafias politico-financières, des complicités inavouables et des tentatives de chantage, des matchs de baseball légendaires entre l'équipe des Giants et celle des Dodgers (New York, 1951), des procédures d'impeachment, des expertises balistiques, des scènes de crime avec des silhouettes tracées au sol à la craie, des pièces à

* Joan Didion, *Political Fictions*, New York, Random House, 2001.

conviction engluées dans le formol ou enfermées dans des sacs en plastique comme des déchets contaminés, des figures de cire translucides figées pour toujours dans un ciel hollywoodien, J. Edgar Hoover, Frank Sinatra, Marilyn Monroe, les vingt-six secondes du film d'Abraham Zapruder, les vingt-six volumes du rapport Warren…

Tout se passe comme si la vie politique américaine n'avait à sa disposition qu'un répertoire limité auquel elle empruntait ses figures imposées, qu'elle déformait et noircissait. Est-ce pour cela qu'il y a dans la culture américaine autant de romans et de films inspirés de la vie politique ? Peut-être observent-ils ce grand fleuve d'oubli en train de déferler entre les rives du réel et de la fiction, tentant d'en capter les reflets ou d'en retenir les déchets…

8.
Brad Parscale, le Raspoutine de Trump

Donald Trump, en chute dans les sondages depuis sa gestion catastrophique de la pandémie de coronavirus, s'est séparé de son directeur de campagne, Brad Parscale, en juillet 2020, quatre mois avant l'élection présidentielle.

Ironie de l'histoire, c'est d'abord sur Facebook, et non pas sur Twitter, alors victime d'un piratage massif, que Trump a annoncé le remplacement de Parscale. Ce dernier l'avait en effet convaincu de miser sur la première plateforme plutôt que sur la seconde s'il voulait être le prochain président. Dans un entretien accordé en octobre 2017 à la chaîne de télévision CBS, Parscale résumait ainsi sa stratégie : « J'ai compris très tôt que Trump gagnerait grâce à Facebook. Il parlait aux gens sur Twitter, mais il allait gagner sur Facebook [...]. Facebook a été sa méthode, l'autoroute qu'il a empruntée. »

Mais ce n'est pas la seule ironie de ce licenciement. En effet, il est intervenu après la « catastrophe de Tulsa », ce premier meeting de Trump qui n'a attiré que 6000 participants dans cette ville de l'Oklahoma, dans un stade prévu pour en accueillir 19000. Quelques jours avant le meeting, Parscale avait annoncé que son équipe avait reçu plus d'un million de demandes de billets. Les images de Trump s'adressant à des rangées de sièges vides n'étaient évidemment pas de bon augure pour ce premier événement, qui devait lancer la campagne de la réélection. Mais, surtout, elles ont ruiné la réputation de Parscale, considéré comme un organisateur hors pair et un prévisionniste infaillible. Il eut beau se justifier, faire porter la responsabilité de cet échec aux manifestants anti-Trump, son mythe en prit un coup.

Le magicien de l'engagement

Depuis la campagne de 2016, la stratégie de Parscale reposait sur les meetings. Pendant les primaires, entre le 15 juin 2015 et le 3 juin 2016, Trump en a tenu cent quatre-vingt-sept. Après sa nomination, il a maintenu le rythme, avec cent vingt-neuf meetings entre le 10 juin et le 7 novembre 2016. « Il était partout, commente le site en ligne Salon : dans les foires, les centres de congrès, les hôtels-casinos de Las Vegas, les aéroports, les stades, les salles de concert et même un centre équestre à Jacksonville – jour après jour, meeting après meeting, parfois en étant présent dans deux rassemblements le même jour dans des villes différentes*. »

Parscale avait eu l'idée de transformer ces meetings en une source de données permettant d'analyser et de prédire avec précision les comportements des électeurs. L'astuce consistait à échanger les billets d'entrée contre des numéros de téléphone, alimentant ainsi une base de données grâce à laquelle on pouvait convoquer les supporters aux prochains meetings du candidat, ceux-ci enrichissant à leur tour la base de données, et ainsi de suite. Toute la stratégie de

* Lucian K. Truscott IV, « No rallies, no Death Star : Trumps's campaign is disintegrating before our eyes », Salon, 18 juillet 2020.

Parscale, en 2016 comme en 2020, reposait sur ce cercle « vertueux ».

Depuis le début de 2018, la campagne était parvenue à collecter les numéros de téléphone d'environ 35 millions de partisans. L'immensité de la base des donateurs de Trump offrait désormais à Parscale le luxe de concevoir des publicités ciblées sur les électeurs des États flottants, ainsi que sur les Latinos et les Afro-Américains, qui n'avaient pas soutenu Trump lors des élections précédentes.

Ainsi, même si Trump était banni de tous les réseaux sociaux, sa campagne pourrait encore atteindre ses supporters par SMS. Parscale et son équipe tiraient tout le parti possible des meetings de campagne. Les jours précédents, afin de nourrir les médias locaux pendant une semaine, ils mettaient en scène d'autres événements dans la région – par exemple, un rassemblement Women for Trump organisé par la belle-fille du président, Lara Trump, ou encore la visite d'une entreprise locale par le candidat à la vice-présidence Mike Pence. Les personnes désireuses de participer au rassemblement s'inscrivaient sur le site Web de la campagne et fournissaient des informations personnelles que l'équipe de Parscale exploitait plus tard. À l'intérieur de l'arène, Parscale, avec sa haute taille (plus de deux mètres), sa barbe de viking, sa crête de cheveux roux qui lui donnait plus l'allure d'un fan de heavy metal que d'un consultant politique, était devenu une figure familière qui n'hésitait pas à mettre la main à la pâte, jouant les chauffeurs de salle, jetant sur la foule des casquettes MAGA ou appelant le public à envoyer le mot « TRUMP » à un numéro de téléphone pour garnir sa base de données.

Parscale avait été nommé directeur de campagne pour mettre en œuvre cette stratégie. Selon lui, la campagne était en mesure d'envoyer près d'un milliard de SMS, lesquels avaient beaucoup plus de chances d'être lus que les courriers électroniques, les publications sur les réseaux sociaux ou les articles de presse. Il se forgea ainsi une réputation de génie astucieux, une légende capable de se brancher sur des millions d'électeurs potentiels via leur portable pour observer les fluctuations de l'opinion, une sorte d'alchimiste transformant le plomb (les bouffonneries de meeting de Trump) en or (l'« engagement » électoral). « Nous travaillons sur cette question 24 heures sur 24 depuis trois ans », a confié un responsable de la campagne numérique 2020.

La pandémie a enrayé cette belle mécanique. Le meeting de Tulsa en fut le révélateur. À la faible participation, causée sans doute en partie par la peur de la contagion, est venu s'ajouter, deux semaines plus tard, un rebond des cas de coronavirus. Alors que leur nombre avait chuté de 20 % entre le 28 juin et le 4 juillet, on a soudain recensé plus de deux cents nouvelles contaminations par jour. Tulsa ne fut pas seulement un meeting raté, ce fut une contre-performance. Toute la stratégie de campagne était à revoir. Supprimer les meetings et la campagne de Trump était aveugle. Parscale était censé tout prévoir, or il n'avait rien vu venir.

Fin janvier 2020, le légendaire directeur de campagne affichait encore un moral de vainqueur. « Les six derniers mois ont constitué une sacrée période, se réjouissait-il, énumérant quelques-unes des réalisations de la présidence : un accord commercial avec la Chine, le meurtre du général iranien Qassem Soleimani, le taux de chômage le plus bas depuis un demi-siècle... [Trump] a doublé la taille de l'économie en un seul mandat. Personne n'a jamais fait ça. » Le jour où il prononçait ces mots, le 23 janvier, des informations inquiétantes arrivaient de Chine :

les autorités limitaient les voyages à destination et en provenance de la ville de Wuhan en raison d'une mystérieuse nouvelle maladie.

Début avril, les États-Unis étaient considérés par l'OMS comme le pays de la planète le plus endeuillé par la maladie, et les chiffres de contamination ne cessaient de grimper, d'État en État.

« Je n'ai pas tendance à paniquer, affirmait Parscale dans le *New York Times* en réponse aux questions de Robert Draper, qui soulignait la gravité de la crise sanitaire. Une bonne structure fondamentale, avoir des gens en place, les bonnes personnes, comprendre quel est votre but, est beaucoup plus important que de se demander comment le faire et où. » Parscale maintenait qu'il n'avait absolument aucun doute sur la supériorité de sa campagne par rapport à celle de Biden. « En ce moment, si c'est Trump contre Biden, nous les détruisons. C'est comme si nous roulions dans des chars et qu'ils jouaient avec des carabines*. »

Depuis son éviction, il semble que Brad Parscale soit descendu de son char. La décision

* Robert Draper, « Can the Trump campaign rewrite the story of the Trump presidency ? », *The New York Times*, 28 avril 2020.

de Trump de l'écarter, cent onze jours avant l'élection, ne devrait surprendre personne. Trump est familier de ce genre de procédé. Il fait et défait les carrières comme s'il était toujours l'animateur de l'émission de téléréalité «The Apprentice», dont le mot d'ordre était: «You are fired!» «Vous êtes viré!» C'est plus fort que lui: quand il est en difficulté, il faut qu'il limoge quelqu'un. Sa campagne de 2016 avait été marquée par un semblable jeu de chaises musicales. Paul Manafort avait remplacé Corey Lewandowski, le premier directeur de campagne, avant de lui-même devoir céder la place à Steve Bannon, deux mois et demi avant l'élection.

Trump ne congédie pas seulement ses collaborateurs; il vire les portraits de ses prédécesseurs à la Maison-Blanche, comme lorsque, à l'époque stalinienne, on effaçait des photos officielles les portraits des dirigeants déchus. Selon CNN, qui cite plusieurs témoins, les portraits de Bill Clinton et de George W. Bush qui étaient exposés dans le hall d'entrée de la Maison-Blanche ont été retirés à sa demande et «rétrogradés» dans une pièce peu fréquentée. Il ne supportait pas de les voir tous les jours. Le portrait de Barack Obama attend toujours d'être dévoilé au public ; il ne le sera pas avant l'élection de novembre.

« La victoire a cent pères, disait John Kennedy, mais la défaite est orpheline. »

Le père de la victoire de Trump, ce fut d'abord, malgré son arrivée tardive dans la campagne, Steve Bannon, vice-président de Cambridge Analytica et patron de Breitbart. Mais, comme toujours dans les campagnes électorales, les choses sont plus compliquées. Après l'avoir évincé de la Maison-Blanche, Trump a déclaré que Bannon n'avait eu qu'un rôle « très limité » dans sa victoire. C'est Brad Parscale qui a pris sa place sur le podium du communicant génial. L'obscur concepteur de sites Internet basé à San Antonio fut soudain propulsé stratège de la communication digitale de Trump.

Larry Jacobs, directeur du Center for the Study of Politics and Governance à l'université du Minnesota, a comparé le rôle de Parscale auprès de Trump à celui de Karl Rove, le conseiller de George W. Bush. « Karl Rove a été reconnu comme le cerveau de George Bush en raison de son génie stratégique. Parscale, c'est Raspoutine, le média social de Donald Trump. » Cette comparaison ne manque pas de sel, puisque, à l'heure où l'on commente l'éviction de Parscale, Karl Rove serait en train de reprendre du service auprès de Donald Trump.

Lorsqu'une élection présidentielle se termine, tous ceux qui ont travaillé sur la campagne du perdant sont dépeints comme des cancres, tandis que ceux qui ont travaillé avec le gagnant renaissent en tant que génies. Dans la célèbre émission « 60 Minutes » sur CBS News, juste après la victoire de Trump, l'animatrice demande à Parscale : « Que s'est-il passé ? Vous êtes la recette secrète ? La personne avec une baguette magique ? Vous êtes le magicien d'Oz derrière le rideau ? » Parscale hésite avant de répondre : « Non, c'est trop ! Mais je… Est-ce que je pense que j'ai joué un grand rôle ? Ouais. »

Le mythe des conseillers puissants

L'obsession des médias pour les conseillers puissants n'est pas nouvelle. Le rôle d'Alastair Campbell et Peter Mandelson auprès de Tony Blair a alimenté la chronique politique au Royaume-Uni pendant dix ans. L'élection de Bill Clinton n'aurait pas été possible sans James

Carville ou George Stephanopoulos. C'est du moins ce que cherche à démontrer le documentaire *The War Room*, de Donn Alan Pennebaker et Chris Hegedus, qui raconte la campagne de Bill Clinton vue depuis les bureaux de ses communicants. Pour la première fois, le héros d'un film de campagne n'est pas le candidat, mais le stratège.

Karl Rove fut surnommé par la presse le « cerveau » de G.W. Bush. Quant au succès de la campagne de Barack Obama, il fut mis au crédit de David Axelrod, que le *New York Times* qualifia de « narrateur d'Obama ».

Chacun a son style : vulgaire et agressif pour James Carville, surnommé « le Cajun enragé », en référence à ses origines louisianaises ; rugueux et sournois pour Karl Rove, que George W. Bush qualifiait de « fleur de fumier » ; consciencieux et volontiers lyrique pour David Axelrod, qui fit élire plusieurs gouverneurs ou maires afro-américains avant de réussir « l'œuvre de sa vie » avec l'élection de Barack Obama. Steve Bannon, enfin, se prend pour « Thomas Cromwell à la cour des Tudors », quand il ne s'autoproclame pas « léniniste ». Depuis son éviction de la Maison-Blanche, il a entrepris d'exporter sa révolution nationaliste en Europe, en commençant par l'Italie.

Chacun est le produit d'un certain âge de la communication politique. Carville appartient encore à l'âge de la télévision, Karl Rove à celui du câble et des chaînes d'info en continu, comme Fox News. La campagne de David Axelrod s'est déroulée à l'âge des réseaux sociaux. Le blogueur Andrew Sullivan a fait l'éloge de la « Facebook politics », qui a permis à la campagne d'Obama de susciter une participation massive et une levée de fonds sans précédent. Mais c'est avec le Brexit et la campagne de Trump que la « Facebook politics » est devenue synonyme de manipulation à grande échelle, de fake news et de « microciblage » des électeurs. Ainsi, Christopher Wylie, un ancien employé de Cambridge Analytica, a révélé dans l'*Observer* et le *New York Times* que l'entreprise avait mis au service de la campagne du Brexit, puis de celle de Trump, les données personnelles de dizaines de millions d'utilisateurs de Facebook.

Dans la perspective de l'élection présidentielle de 2020, le *New Yorker* s'est interrogé sur le rôle de Parscale auprès de Donald Trump. Après l'élection de 2016, écrit l'auteur de l'article*, Parscale a

* https://www.newyorker.com/magazine/2020/03/09/the-man-behind-trumps-facebook-juggernaut

tenté de faire sa propre promotion, sans heurter son patron ni faire croire qu'il l'avait manipulé. À la fin de la soirée électorale, à 3 h 45, alors que la fête touchait à sa fin, Parscale a tweeté le mot « Digital » suivi de « #winning ». Et, quelques jours plus tard : « Mon objectif était de montrer que le numérique est l'avenir des campagnes. C'est fait. »

Pour ses détracteurs, Parscale est juste un techno qui a su se laisser porter par la vague de la « Facebook politics ». Le type même de l'homme trumpien, blanc, parlant un langage simple, une tête dure qui ne s'excuse jamais, qui ne connaît pas le doute et qui a pour effigie en ligne un personnage crachant des flammes.

Parfois, il se présente comme ayant été un péquenaud sans ambition avant sa rencontre fortuite avec Donald Trump. D'autres fois, il dit que son travail sur la campagne de Trump n'était qu'une extension de ce qu'il faisait depuis vingt ans. Au début, selon un de ses associés, « c'était juste Brad, seul sur son ordinateur portable, achetant des publicités Facebook ».

Au fil du temps, Parscale, s'appuyant sur ses relations étroites avec plusieurs membres de la famille Trump, en particulier le gendre de Donald

Trump, Jared Kushner, les a persuadés de consacrer une plus grande part du budget de campagne au marketing en ligne. Il accompagnait parfois Kushner à bord d'Air Force One pour briefer le candidat sur les activités numériques en cours, mais cela n'intéressait pas beaucoup Trump. Pour ce dernier, qui passait beaucoup de temps devant la télévision, seules les publicités télévisées importaient. Il alla jusqu'à accuser Parscale d'utiliser les achats d'annonces sur Facebook pour s'enrichir à ses dépens. Ainsi, selon le *Washington Post*, Trump l'a un jour fortement réprimandé pour « avoir gaspillé des millions de dollars sur Facebook ». Montrant un écran de télévision, il a ajouté : « C'est ainsi que les gens gagnent les élections. » Parscale lui aurait répondu : « Si vous voulez être le prochain président, vous gagnerez sur Facebook. » Trump a cédé, mais il ne semblait pas convaincu.

Parscale réécrit souvent sa biographie, à la mode trumpienne. « Les récits de sa vie et de son travail pour le président sont une combinaison d'hyperboles, de demi-vérités et de fiction », peut-on lire dans un article publié par le site ProPublica et le *Texas Monthly*. Cet homme de 42 ans est un personnage moins clivant que

Bannon et qui ne risque pas, malgré sa haute taille, de faire de l'ombre à son candidat. Il est aussi atypique qu'il est longtemps resté apolitique, seulement préoccupé de faire des affaires et de s'enrichir. Patron d'une petite entreprise Internet à San Antonio, au Texas, il a commencé en 2011 à travailler comme simple designer et administrateur de sites Web. C'est en décrochant un contrat pour le groupe immobilier Trump qu'il a eu l'occasion de rencontrer Donald Trump en personne et de gagner la confiance de son fils et de son gendre. En 2015, le candidat milliardaire lui a confié la création de ses sites électoraux et l'a nommé, en juin de l'année suivante, directeur des médias numériques de sa campagne. En octobre 2016, quelques jours seulement avant les élections, l'agence de presse Bloomberg notait : « Parscale est l'un des rares membres de l'équipage de Trump chargé de tweeter en son nom. »

« Brad est un acteur de premier plan dans la communauté internationale du marketing Web », lit-on dans sa biographie en ligne. En fait, Parscale Media, qui était dirigé depuis un petit bureau jouxtant un salon de tatouage, produisait principalement des sites pour le compte d'entreprises locales traditionnelles. En 2010, la société avait conçu un site de campagne pour Karen Crouch, une avocate conservatrice candidate au poste de juge de comté, avec un slogan en caractères gras : « Respect pour la victime. Justice pour le criminel. »

« Je n'ai pas de passe-temps, a-t-il déclaré*. Mes hobbies consistent à regarder Fox News, CNN, MSNBC... J'essaie de lire des livres, mais c'est surtout pour mon travail. J'ai tout lu sur les élections depuis 1896. J'en ai sauté quelques-unes, certaines élections ne comptent pas autant que les autres. Je crois que j'en suis à mon cinquième livre sur les élections en ce moment. »

En 2016, la campagne de Trump avait son siège social au cinquième étage de la Trump Tower, mais Parscale dirigeait les opérations numériques depuis San Antonio, dans un bureau de fortune situé près de l'aéroport. « Brad est compétitif, déclarait une de ses connaissances**. Quoi qu'il fasse, il aime gagner. Il a utilisé un éventail de gadgets en ligne pour promouvoir

---

* https://www.theguardian.com/us-news/2020/jan/30/brad-parscale-trump-social-media-rasputin-campaign-manager

** https://www.propublica.org/article/the-myths-of-the-genius-behind-trumps-reelection-campaign

son candidat – filtres Snapchat, diffusion en direct sur YouTube, collecte de fonds par SMS –, mais il a consacré la majeure partie de son attention à Facebook. »

LE PROJET ALAMO

Le quartier général du « projet Alamo » a compté jusqu'à plus d'une centaine de personnes, une task force incluant des membres du personnel de campagne, des employés du Comité national républicain et des fournisseurs de diverses compagnies de technologie – Facebook, Google, Twitter et... Cambridge Analytica. Au point qu'il n'est pas facile de départager les rôles entre Parscale et son équipe, d'un côté, et les conseillers envoyés par les GAFAM, de l'autre.

Deux journalistes de *Bloomberg Businessweek* ont visité les locaux du projet Alamo peu avant l'élection de 2016. Parscale a posé pour une photo, penché sur son ordinateur portable. Accrochés au mur derrière lui, on apercevait une affiche « Bikers for Trump », un faux billet de 1 dollar arborant le visage de Trump et une citation inspirante faussement attribuée à Lincoln. Parscale a déclaré aux journalistes : « Je me demande toujours pourquoi les gens en politique agissent comme si ce genre de chose [la politique] était si mystique. C'est la même merde que nous utilisons dans le commerce, avec juste des noms plus sophistiqués. »

Il a ajouté : « J'ai demandé à Facebook : "Je veux dépenser 100 millions de dollars sur votre plateforme. Envoyez-moi un manuel." Ils ont répondu : "Nous n'avons pas de manuel." J'ai dit : "Eh bien, envoyez-moi un manuel humain, alors !" »

En juin 2016, Facebook a donc envoyé un employé de son service de publicité qui avait auparavant travaillé pour plusieurs causes affiliées aux républicains. Celui-ci a passé l'essentiel des quatre mois suivants à San Antonio à œuvrer en lien avec la campagne Trump. D'autres employés de Facebook ont effectué des rotations semi-régulières dans les bureaux. Google et Twitter ont également envoyé des commerciaux.

Certains des sous-traitants de Parscale à San Antonio, y compris quelques-uns de ses conseillers, étaient des employés de Cambridge Analytica, la société connue pour avoir acquis les données de 87 millions d'utilisateurs de

Facebook en 2014. Leur présence a provoqué une vague d'indignation publique, notamment parce que Cambridge Analytica a participé à certaines des campagnes politiques les plus trompeuses de mémoire récente – le Brexit, les campagnes de désinformation d'Uhuru Kenyatta au Kenya, les tactiques de propagande despotique de Rodrigo Duterte aux Philippines.

Alexander Nix, le PDG de Cambridge Analytica, s'est attribué le mérite de la victoire de Trump, avant que son entreprise ne s'écroule sous le poids du scandale des révélations de Christopher Wylie. Dans une vidéo cachée, Nix se vantait d'être le père de la victoire de Trump : « Nous avons fait toutes les recherches, toutes les données, toutes les analyses, tous les ciblages, nous avons mené toute la campagne numérique, la campagne télévisée, et nos données ont influencé toute la stratégie. »

Brad Parscale a qualifié les affirmations de Nix d'« incroyablement fausses et ridicules ». À l'entendre, c'était lui et lui seul qui avait piloté le projet Alamo regroupant l'ensemble des intervenants de la campagne de Trump sur Internet. Lorsque Parscale, dans les dernières semaines de la campagne, a rejoint le quartier général du candidat Trump à New York, c'est à l'un des responsables techniques de Cambridge Analytica, Matt Oczkowski, qu'il a confié la direction de son équipe restée à San Antonio.

Brittany Kaiser, ex-collaboratrice de Cambridge Analytica rendue célèbre par le documentaire de Netflix *The Great Hack*, a donné sa version des faits dans son livre *L'Affaire Cambridge Analytica** : « San Antonio était le centre névralgique de la campagne de Trump. Pourquoi ? Parce que c'est à San Antonio que vivait Brad Parscale. Ce dernier était le web designer de Trump depuis longtemps. C'est lui que le milliardaire avait choisi comme responsable numérique. Le problème étant qu'il n'avait aucune expérience en matière d'analyse de données et de communication basée sur des données. Nous savions que Trump avait besoin de Cambridge Analytica. [...] Quand la première équipe de Cambridge Analytica a débarqué à San Antonio, au mois de juin, la communication numérique de la campagne de Trump était au point mort. À leur arrivée sur place, les membres de l'équipe sont tombés de haut. Brad n'avait

* Brittany Kaiser, *L'Affaire Cambridge Analytica*, Paris, HarperCollins, 2020.

élaboré aucune modélisation de l'électorat et aucun dispositif marketing. Cinq instituts de sondage différents récoltaient des informations, toutes contradictoires. »

La stratégie de campagne définie in extremis par l'équipe de Cambridge Analytica comportait trois phases. La première devait établir des listings et solliciter des dons, d'autant que l'équipe de Trump n'avait pas encore commencé ses levées de fonds. « Peu importe ce que disait Trump devant les caméras, écrit Kaiser, il ne se finançait pas lui-même. » La deuxième phase, un mois plus tard, se concentrerait sur la persuasion : il fallait trouver les indécis et les convaincre d'une manière ou d'une autre de pencher pour Donald Trump. La dernière phase serait consacrée à la mobilisation électorale, en veillant à ce que les électeurs soient inscrits sur les listes et en poussant les sympathisants de Trump à se rendre à leur bureau de vote.

Kaiser poursuit : « Tout le monde s'est mis au travail avec une certitude : la campagne de Trump allait investir beaucoup d'argent dans les réseaux sociaux. Au final, les sommes engagées ont battu tous les records. Rien qu'à travers Cambridge Analytica, 100 millions de dollars ont été dépensés pour la communication en ligne du candidat républicain, sur Facebook pour l'essentiel. »

Facebook décrivait son implication dans la campagne comme un « service client amélioré ». Chez Twitter, on parlait de « travail sans contrepartie financière ». Twitter avait un nouveau produit appelé « Conversational Ads ». Il suffisait de cliquer sur un des hashtags recommandés pour retweeter automatiquement le contenu et le hashtag. Snapchat a poussé l'innovation plus loin avec son dispositif « WebWiew ads », qui comprenait un outil de récolte des données et un nouveau produit appelé « Direct Response », qui ciblait les jeunes souvent connectés.

Brittany Kaiser donne des détails intéressants sur la manière dont Google a facilité la possibilité de monnayer certains termes de recherche de manière à contrôler la « première vue » des utilisateurs : « Si un internaute tapait les mots "Trump", "Irak" et "guerre" sur Google, le premier résultat était une page intitulée "Hillary voted for the Iraq War – Donald Trump opposed it" ("Hillary Clinton a voté pour la guerre en Irak alors que Donald Trump s'y est opposé"). Un lien redirigeait vers le site d'un comité d'action pro-Trump sur lequel on pouvait lire : "Crooked Hillary voted for the war on Iraq. Bad Judgement!" ("Hillary la corrompue a voté pour la guerre en Irak. Quel mauvais choix!") Et, si l'on entrait dans la barre de recherche les termes "Hillary" et "commerce", le premier résultat était la page "lyingcrookedhillary.com" ("hillarylamenteusecorrompue.com"). »

Facebook, faiseur de rois

Au sein de Facebook, le département chargé des campagnes électorales est dirigé depuis Washington par Katie Harbath, une ancienne stratège républicaine. Trois ans après avoir travaillé sur la campagne présidentielle de l'ancien maire de New York Rudy Giuliani, en 2008, elle est recrutée par Facebook pour superviser toutes les opérations en lien avec des élections dans le monde. Facebook fournissait des services gratuits aux partis politiques de toutes tendances. L'objectif du réseau, selon Zuckerberg, était de faciliter l'accès à ses fonctionnalités sans se soucier du contenu idéologique de ses clients. Mais, loin d'améliorer le débat démocratique, Facebook a encouragé – parfois avec l'aide d'« armées de trolls » – la désinformation et la propagation d'idéologies extrémistes.

Depuis que Katie Harbath est arrivée chez Facebook, son équipe a parcouru le monde pour aider les clients politiques de Facebook à utiliser les puissants outils numériques de l'entreprise. « De l'Inde et du Brésil à l'Allemagne et au Royaume-Uni, les employés de l'unité sont devenus de facto des militants* », lit-on dans un article de *Bloomberg News*. En Inde, Facebook a contribué à développer la présence en ligne du Premier ministre Narendra Modi, qui compte désormais plus d'abonnés que tout autre leader mondial. Aux Philippines, il a conseillé la campagne de Rodrigo Duterte, connu pour encourager les exécutions extrajudiciaires. En Allemagne, l'équipe de Katie Harbath a aidé le parti d'extrême droite Alternative pour l'Allemagne (AfD) à remporter ses premiers sièges au Bundestag. Derrière ces leaders autoritaires plus ou moins grotesques, il n'y a pas seulement les petits génies du Web, mais le filet flexible des réseaux sociaux et de leurs vendeurs, qui infiltrent et influencent le

* Lauren Etter, Vernon Silver et Sarah Frier, « How Facebook's political unit enables the dark art of digital propaganda », Bloomberg News, 21 décembre 2017.

débat démocratique en lui fournissant ses codes et ses formes de réplication.

« Ce n'est pas le travail de Facebook d'être si proche des campagnes électorales », déclare Elizabeth Linder, qui a dirigé l'unité politique de Facebook pour l'Europe, le Moyen-Orient et l'Afrique jusqu'en 2016. Elle a décidé de quitter l'entreprise, parce qu'elle se sentait mal à l'aise avec l'accent mis par Facebook sur les campagnes électorales.

Quel rôle a joué Parscale dans la victoire de Donald Trump ? Il n'était sans doute pas le génie informatique dont on a parlé. Tout au plus un mythe commode pour expliquer la victoire inattendue de Trump. Un personnage haut en couleur pour combler les trous dans le récit de ce triomphe.

« Les campagnes ne sont pertinentes qu'à la marge », relativise David Plouffe, directeur de campagne de Barack Obama en 2008. Ce qui n'est pas rien. Les marges peuvent déterminer le résultat, comme on l'a vu en 2016, où quelques dizaines de milliers de voix ont fait la différence. Mais Plouffe poursuit : « Les campagnes ne créent pas le climat. Elles ne peuvent qu'en profiter. Et, même dans ce cas, il faut que le comportement des électeurs soit déjà bien ancré. » « Y a-t-il un slogan, une histoire ou une campagne qui puisse sauver un président s'il ne sauve pas son pays* ? » se demande Robert Draper dans le *New York Times.*

« Si vous ne savez pas ce dont vous parlez, vous pensez que Parscale est le Steve Jobs du XXIe siècle, confiait un consultant républicain qui le connaît bien. Ce n'est pas un connard. C'est un bonimenteur. Mais il est assez intelligent pour le savoir. »

En 2016, la campagne de Trump a opéré une réorientation sans précédent de ses budgets vers les réseaux sociaux, et son QG s'est déplacé de la Trump Tower à San Antonio, siège du projet Alamo, où les représentants des GAFAM constituaient le gros des troupes. Jusque-là, aucune équipe de campagne n'avait confié les clefs d'une élection à des agences extérieures. C'est ce croisement entre l'inexpérience de Parscale et l'expertise de Facebook qui, paradoxalement, a donné la victoire à Trump.

* Robert Draper, « Can the Trump campaign rewrite the story of the Trump presidency ? », art. cité.

CONCLUSION
La loi du Nombre

Le Chef-d'œuvre inconnu, de Balzac, est l'histoire d'un peintre qui cherche à atteindre la perfection de son art en peignant un portrait de femme, le plus beau jamais réalisé. La haute idée qu'il se fait de son art entrave la réalisation du chef-d'œuvre, sans cesse repoussée. C'est la rencontre fortuite d'un nouveau modèle à la beauté sans égale qui va lui permettre d'achever enfin son projet. Cependant, quand il invite ses amis peintres à venir contempler le tableau, ceux-ci ne voient rien sur la toile qu'un « chaos de couleurs ».

« En s'approchant, écrit Balzac, ils aperçurent dans un coin de la toile le bout d'un pied nu qui sortait de ce chaos de couleurs, de tons, de nuances indécises, espèce de brouillard sans forme ; mais un pied délicieux, un pied vivant ! Ce pied apparaissait là comme un torse de quelque Vénus en marbre de Paros qui surgirait parmi les décombres d'une ville incendiée. "Il y a une femme là-dessous", s'écria Porbus en faisant remarquer à Poussin les diverses superpositions de couleurs dont le vieux peintre avait successivement chargé toutes les parties de cette figure en voulant la perfectionner. »

L'impossible incarnation

Quelle est cette limite de la représentation que Balzac désigne dans les empêchements du peintre, ses hésitations, son acharnement, ses échecs ? Nul pathos de l'inexprimable ici. La nouvelle de Balzac met en scène une énigme inscrite au cœur même de l'acte de peindre.

« L'enfer du peintre, commente Georges Didi-Huberman dans *La Peinture incarnée*, ce au fond de quoi il a à descendre pour en ramener la vie, c'est l'incarnat [...] il ne s'agit pas d'enrober les corps dans de la couleur. La couleur n'est pas une robe ; la couleur ne devrait jamais venir sur les corps, comme un recouvrement ; lorsqu'elle le fait, elle n'est qu'un linceul, ou bien qu'un fard. »

La nouvelle de Balzac nous introduit au cœur de ce mystère de la représentation inscrit dans l'acte même de peindre, l'énigme de l'« incarnation », une question qui est tout autant picturale (l'incarnat comme objectif et limite de la vie représentée) que politique (l'incarnation de la fonction).

Comme le héros du *Chef-d'œuvre inconnu*, le peintre de la vie politique est confronté à ce paradoxe de la représentation : peindre ce qui disparaît. Couche après couche et décennie après décennie, la figure de l'*Homo politicus* se défait et finit par disparaître sous d'épaisses couches de couleur qui lui servent de « fard » et de « linceul ».

Mais ce n'est pas par une défaillance du peintre ou un excès d'exigence de sa part ; l'*Homo politicus* disparaît réellement. Il disparaît au vu et au su de tous, au comble de son exposition. Le bouffon en est l'ultime forme phénoménale.

Depuis trois ou quatre décennies, on ne le « reconnaissait » déjà plus, au double sens de ce mot : reconnaître un visage familier et reconnaître une puissance étrangère, un souverain. Il s'est transformé jusqu'à devenir méconnaissable, soumis aux distorsions que lui ont fait subir plusieurs révolutions enchevêtrées : la globalisation qui a mis en crise la souveraineté des États ; la révolution du capitalisme (révolution néolibérale, financiarisation) qui l'a privé de ses moyens d'agir et des outils de l'État-providence ; la révolution numérique, avec l'explosion d'Internet et la multiplication des réseaux sociaux qui ont ouvert aux GAFAM la conquête des données et leur traitement algorithmique.

Nous ne reconnaissons plus la figure de l'*Homo politicus*, mais nous ne reconnaissons pas non plus sa légitimité. Il n'est plus représentatif ni présentable. Double soupçon qui mine le pacte de représentation au cœur du projet démocratique. *This is Not a President* (« Ceci n'est pas un président »), s'intitule l'essai de Diane Rubenstein sur les présidences américaines depuis Ronald Reagan. L'auteure a identifié dans les biographies de ses successeurs ce qu'elle appelle une « pathographie » présidentielle liée à « la téléprésence du président soumis au confessionnal quotidien des interviewers, à la fausse intimité des talk-shows et à une tendance à l'hyperbole des magazines», contraints de surenchérir pour capter l'attention. «La présidence est devenue un pur objet de fantasmes, écrit Diane Rubenstein. Le président est moins un symbole ou un signe qu'un lieu de projections de nos désirs contradictoires*.» Défiguration et perte de légitimité s'allient dans cette crise de la représentation politique. La figure de l'*Homo politicus* nous échappe. Sa fuite nous intrigue: elle nourrit le commentaire incessant des journalistes politiques qui «suivent» l'exécutif, dans le langage des rédactions, comme s'il s'agissait de la filature d'un suspect.

Longtemps, le souverain a eu son profil sur les billets de banque et les pièces de monnaie. Son portrait ornait les bâtiments officiels sur toute l'étendue de son royaume. Il était facile à reconnaître. Souveraineté et représentation allaient de pair. Elles assuraient la prise du pouvoir sur le réel, sa puissance d'agir et son emprise sur les esprits, sa visibilité et sa légitimité. On appelait ça «incarnation». La souveraineté se donnait à voir dans ses rituels d'apparition, dans

---

* Diane Rubenstein, *This Is Not a President. Sense, Nonsense, and the American Political Imaginary*, New York, New York University Press, 2008.

ses cérémonies, ses signes, et jusque dans son vestiaire. Georges Didi-Huberman ressuscite ainsi le mot « vesture », du XVIe siècle, pour faire entendre les liens de l'apparat et du pouvoir dans la double signification du mot : l'investiture et le vêtement. L'exercice de l'État est lié à la visibilité du pouvoir. Le politique s'ancre dans le domaine du visible, la démocratie s'affiche dans la transparence de ses délibérations, dans ses scènes de la vérité.

Holograme politicus

À l'inverse, le discrédit qui frappe les gouvernements se nourrit du pouvoir que l'on prête aux puissances occultes, des banques aux agences de notation, en passant par les multinationales sans visage, les GAFAM anonymes qui nous surveillent et utilisent nos traces numériques à notre insu. Le complotisme prospère sur cette invisibilisation des pouvoirs. Culture du secret. Boîtes noires du Big Data. Pouvoir occulte des algorithmes et de leurs procédures de prédiction. On n'est plus dans le spectacle, mais dans la magie noire. La physique newtonienne des pouvoirs et des contre-pouvoirs, de leurs jeux et de leur mise en scène, ne s'applique plus dans cet univers régi par des lois nouvelles qu'on compare souvent à celles de la physique quantique. Les procédures de contrôle et de transparence, les normes juridiques de représentation, la signalétique du pouvoir légitime sont précipitées dans le trou noir qui attire et absorbe la substance politique, ses figures, ses formes, ses rituels. Et la mécanique de cette dévoration, c'est le pouvoir grotesque.

L'*Homo politicus* est encore adossé à l'État, mais la souveraineté de l'État fuit de partout. La crise de la souveraineté étatique a désarticulé le couple que constituaient le pouvoir et son dispositif de représentation : d'un côté, une bureaucratie anonyme, de l'autre des hommes d'État désarmés, un roi nu. D'un côté des pouvoirs sans visage (banques, marchés financiers, organisations transnationales), de l'autre des visages impuissants. Le roi n'a pas seulement été décapité, il est défiguré. Le portrait du roi a disparu dans un chaos de couleurs. Forme sans contenu, figure défigurée, le corps du souverain est sans substance, dématérialisé. Il apparaît sur les écrans, figure répliquée et irréelle, à la manière d'un hologramme. Ses paroles s'envolent dans le tohu-bohu général, mais elles n'impriment plus, comme disent les communicants. Il doit sans cesse s'exhiber pour ne pas être oublié. Mais ses apparitions perdent en consistance ce qu'elles gagnent en répétition. C'est la logique du spectre, de la hantise, qui se manifeste sous les traits du bouffon.

L'épidémie de coronavirus met au défi la puissance d'agir des États-nations. Elle n'est donc pas seulement « intraitable » au sens thérapeutique, tant que la médecine ne dispose d'aucun traitement spécifique ; elle est « intraitable » politiquement, car elle met à nu l'impuissance de l'État face aux grands défis économiques, écologiques, sanitaires. Elle la souligne et l'aggrave.

L'épidémie n'est pas seulement une crise sanitaire, c'est une crise de narration. Face aux dénis de Trump, le coronavirus a imposé son histoire au monde. Celle des autorités sanitaires bat de l'aile. Plus personne ne la croit. Le virus ne s'attaque pas seulement à l'organisme, aux fonctions du corps, mais à la souveraineté des États, qu'il désorganise, déstabilise, menace dans leurs fonctions essentielles de protection, d'alerte, de secours et de coordination des activités. « Ils disent : "Oh, il devrait faire plus."

Il n'y a rien de plus à faire» (Trump, 28 février 2020).

Le Covid-19 est un virus incapacitant qui désoriente les gouvernements, aggrave tous les maux de cette société et affaiblit notre capacité à les nommer et à les analyser. Cette crise du langage et du récit, que l'on pourrait appeler une crise de «coronarration», se manifeste, comme le virus, sous des formes bénignes ou aiguës, parfois même asymptomatiques, c'est-à-dire silencieuses, ou se traduit par des poussées de fièvre dans le langage.

Elle provoque des collisions d'oxymores ou crée des métaphores qui ont la forme de lapsus, des dénégations qui ne trompent personne et des actes de langage qui échouent piteusement à la tribune des parlements. Des carrières prometteuses s'effondrent dans un krach de crédibilité, et tous les porteurs de parole se révèlent des narrateurs peu fiables.

Aucune autorité légitime n'est épargnée, ni les gouvernements, ni les institutions en charge de la santé publique, ni les épidémiologistes, qui ne sont pas d'accord entre eux, ni les experts médiatiques, qui spéculent sur l'évolution de la pandémie comme des commentateurs boursiers sur le cours du Dow Jones. Toutes les sources d'énonciation sont aujourd'hui viciées, ce qui ne les empêche évidemment pas de proliférer. Plus les discours du pouvoir se multiplient, plus ils apparaissent ambigus, contradictoires.

À chaque moment de la crise, ils se sont contredits, retournés, et à chaque retournement ils ont payé le prix en discrédit. Le décrochage des récits officiels par rapport à l'expérience réelle des hommes a ruiné, de crise en crise, la crédibilité de leurs récits. La fausse monnaie des mensonges et des rumeurs se répand, chassant la bonne. La confiance dans la valeur référentielle du langage s'affaiblit en même temps que s'estompe le partage du vrai et du faux, de la réalité et de la fiction.

Gouverner par temps d'épidémie, ce n'est plus prévoir, mais gérer l'imprévisible ; ce n'est plus mobiliser les citoyens à des fins communes, mais immobiliser les citoyens et les isoler ; ce n'est plus créer les conditions de la vie en commun, mais suspendre dans le temps et dans l'espace toute forme de rassemblement. Les gouvernants n'ont d'autre réponse à opposer au virus que le confinement des populations, mais, en y cédant, ils exposent les symptômes et les faiblesses d'un pouvoir chancelant. L'épidémie est un défi au bon gouvernement.

Faute de puissance d'agir, de résolution et d'action, faute de souveraineté, il reste la mise en scène de la souveraineté perdue. C'est le côté spectral, et pas seulement spectaculaire, de la tyrannie des bouffons. Du pouvoir on ne perçoit plus que les effets déstabilisateurs. Du dispositif de représentation ne subsistent que des formes décomposées, désuètes ou burlesques. Les gestes, les formes, les rites de l'État-nation ne sont plus les signes de sa puissance ni les figures de son pouvoir, mais les membres fantômes d'un État amputé, des formes hallucinatoires de la souveraineté perdue. Non plus la nation tant célébrée, tout juste une « halluci-nation »…

« Les murs sont des exemples hyperboliques de la souveraineté de l'État-nation, écrit Wendy Brown. Ils révèlent, comme toute hyperbole, que quelque chose d'hésitant, de vulnérable, de douteux ou d'instable est logé au cœur même de ce qu'ils visent à exprimer. » C'est ce quelque chose d'instable et de vulnérable que nous voyons partout à l'œuvre dans la gestion de l'épidémie.

La condition politique telle que nous la connaissons depuis deux siècles touche à sa fin.

L'*Homo politicus* exerce toujours les fonctions régaliennes, mais l'État a perdu de sa puissance. Pour masquer ce manque de souveraineté, les hommes politiques ont depuis les années 1990 tenté de recharger leur crédit en apparaissant comme des acteurs de série télévisée, en hypothéquant leur intimité, en racontant leur histoire personnelle. Habile tour de passe-passe qui substituait à l'histoire collective une biographie individuelle. Le portrait du souverain reprenait des couleurs, mais c'était aux dépens de son incarnation. Il n'apparaissait plus comme un souverain, mais comme un personnage de série TV sur lequel nous projetions à chaque élection nos désirs contradictoires. Le discrédit s'est répandu partout sous l'effet d'un double phénomène : une gouvernance sans souveraineté ; une démocratie sans délibération. Nous l'avons vu ronger la démocratie américaine de Bill Clinton à Barack Obama, jusqu'à porter au pouvoir, contre toute attente, mais non sans une logique imparable, le champion du discrédit : Donald Trump.

La tyrannie des bouffons est l'ultime étape de ce processus. Elle boucle un cycle au cours duquel les figures du roi, du prince ou du souverain ont perdu de leur substance et jusqu'à leur visage. Une telle défiguration du souverain n'est pas seulement le fait des individus qui ont à assumer la charge du pouvoir. C'est un effet de la crise des souverainetés étatiques. La souveraineté est un dispositif qui repose sur la puissance d'agir détenue par le roi ou par le souverain et sur une certaine symbolique de l'État qui lui permet de conserver son pouvoir dans l'espace et le temps. La symbolique du pouvoir, c'est le relais indispensable de la puissance. On affiche les portraits du roi, on raconte les récits de la vie à la cour. On règle ses apparitions publiques, les cérémonies du pouvoir. C'est cette double réalité que la mondialisation néolibérale a disloquée. Résultat de cette dislocation : l'action est perçue comme illégitime, et la parole de l'État a perdu toute crédibilité.

Sur la scène du théâtre politique en ruine, le vieil acteur, qui a connu bien des métamorphoses au cours de son histoire récente, tire sa révérence. Il a épuisé toutes les ressources de son art. Dépourvu du charisme du chef et des attributs de sa souveraineté, il ne fait plus illusion, et, lorsqu'il lui arrive encore de jouer les prolongations, il est accueilli par des lazzis. Sa rhétorique apparaît vide de sens. Emportant avec lui son deuxième corps, lourd comme une armure, il cède la place au bouffon, qui substitue au théâtre politique le chapiteau du clown, et à la scène politique une piste de cirque.

L'ALGORITHME ET L'AGORA

Les partis souverainistes n'échappent pas à cette logique. Loin d'être des figures du retour du politique, les « souverainistes » ne sont que les masques burlesques de son déclin. Comment en effet incarner un souverainisme à l'âge de la crise des souverainetés étatiques ? Comment donner forme et figures à un souverain désarmé, privé de ses moyens d'agir ? « Tout ceci est grotesque », a-t-on envie de dire. Et c'est tellement vrai, si l'on entend par « grotesque » l'ensemble des procédés qui déjouent les lois et les codes de l'exercice du pouvoir et de sa représentation. Si la majesté du pouvoir était le reflet de sa puissance d'agir et de sa souveraineté, le grotesque est le visage de la souveraineté défaillante, qu'il ne peut que mettre en scène à ses dépens. Qu'est-ce qu'un clown, sinon la figure inversée de la maîtrise ? Qu'est-ce que le bouffon du roi, sinon l'envers de la puissance, celui qui prend sur lui les traits du discrédit pour les détourner du roi ? Désormais, le bouffon a pris la place du roi.

Ce livre boucle un cycle de quatre enquêtes consacrées aux mutations de la condition politique depuis les années 1990. Quatre stades d'une décomposition accélérée. *Storytelling. La machine à fabriquer des histoires et à formater les esprits* (La Découverte, 2007) analysait la façon dont la scène politique avait substitué l'art de la mise en scène (*stage craft*) à l'art de gouverner (*state craft*). *La Cérémonie cannibale* (Fayard, 2013) prolongeait ce travail en mettant l'accent sur la dévoration de l'homme politique par les médias et le passage de l'incarnation de la fonction présidentielle à l'exhibition de la personne. *L'Ère du clash* (Fayard, 2019) s'attachait à la décomposition de la scène démocratique, emportée dans la spirale du discrédit, et à l'apparition d'une nouvelle rationalité algorithmique qui s'imposait via les GAFAM à la délibération démocratique et aux techniques de gouvernement.

La Tyrannie des bouffons est la phase ultime de cette décomposition. L'*Homo politicus* connaît une dernière mue : il abandonne la majesté, la *fama*, pour revêtir les habits du bouffon, incarnant l'irrationalité et ne tenant sa légitimité que du discrédit. Pour paraphraser la célèbre définition du comique par Bergson – « du mécanique plaqué sur du vivant » –, le pouvoir grotesque, c'est la mécanique du discrédit plaquée sur l'homme politique.

Gesticulant au premier plan, usant de fake news et de provocations, le pouvoir grotesque incarne une nouvelle forme de pouvoir qui assure son emprise non pas par la rationalité, la tradition ou le charisme cher à Max Weber, mais par l'irrationalité, la transgression, la bouffonnerie. Trump en a été la première manifestation, mais nous avons vu au cours de notre enquête les figures de ce pouvoir outrageusement maquillé et grotesque se multiplier aux quatre coins de la planète, tels des hologrammes d'une révolution qu'on disait populiste. Jair Bolsonaro au Brésil, Boris Johnson au Royaume-Uni, Matteo Salvini et Beppe Grillo en Italie, Modi en Inde, Volodymyr Zelensky en Ukraine, qui se définit lui-même comme un « clown »…

Dans leur ombre, un autre personnage est apparu, plus discret, peu idéologisé, surfant sur les vagues de données : la figure austère de l'informaticien. Sous Boris Johnson, Dominic Cummings. À l'ombre de Donald Trump, Brad Parscale. Dans les coulisses des meetings de Matteo Salvini, la « Bestia » de Luca Morisi. L'informaticien a acquis au fil des ans une réputation de magicien capable de transformer le plomb du discrédit en or de l'engagement. Sous les clowneries du bouffon, la virtuosité du geek. Sous le désordre apparent du carnaval, la rigueur des algorithmes. Ce qui se joue sur la scène du carnaval politique, c'est le théâtre paradoxal de la dérision et de l'expertise, la synchronisation des figures carnavalesques et des machines algorithmiques. C'est un moment transpolitique, le passage de l'écriture de l'histoire au flamboiement du discrédit.

Au plus fort de la crise du coronavirus, des plateformes comme Facebook, YouTube, Instagram et Twitter ont amplifié les théories complotistes, paralysant la réponse à la crise sanitaire. Leur influence est énorme. L'ancien mentor de Mark Zuckerberg, Roger McNamee, le dit de façon imagée : « Le nombre d'utilisateurs mensuel de Facebook est à peu près égal au nombre de chrétiens dans le monde. Google a autant de fidèles que l'islam. » Ce n'est pas le fait du hasard, ni d'une mauvaise utilisation de ces plateformes qu'il suffirait de corriger à la marge. C'est leur business model qui est en cause. L'explosion et l'influence des groupes extrémistes sur Facebook, par exemple, ne sont pas un accident ; elles sont le résultat de choix conscients. La recherche interne de Facebook a révélé que ses propres recommandations représentent 64 % des inscriptions à des groupes axés sur des sujets extrémistes. Les discours de haine et la désinformation sont le carburant qui maximise les revenus de ces plateformes. Elles prospèrent sur la division. Plus le contenu est extrême, plus les utilisateurs le partagent. Les algorithmes amplifient le phénomène.

Même les pitreries les plus grotesques ne doivent rien à l'improvisation ; elles obéissent à des lois précises, celles du discrédit et de l'engagement. La dérision nourrit le discrédit. L'engagement le transforme en votes. Il ne s'agit plus de propagande de masse au sens strict, car ce qui est propagé à travers les réseaux sociaux, ce sont des messages personnalisés, fondés sur un microciblage de l'électorat et de ses attentes, filtrés dans le Big Data et profilés par les algorithmes. Car le grotesque caractérise non seulement les acteurs, mais la scène politique tout entière, désinvestie et disqualifiée. Et, sur cette scène, le visage facétieux du clown et celui, austère, de l'ingénieur ont commencé à s'effacer eux aussi devant la puissance anonyme de Facebook, Twitter et des GAFAM. Sous le pouvoir grotesque, c'est la puissance anonyme des algorithmes qui mine les institutions démocratiques et le débat public.

Le risque vient de la rencontre de deux phénomènes : la génération de textes basée sur l'intelligence artificielle et les chatbots sur les réseaux sociaux. Robert W. McChesney, professeur de communication à l'université de l'Illinois et cofondateur de l'organisation Free Press, qui milite pour la réforme des médias, dresse un tableau inquiétant des effets de ce double phénomène. « Combinez ces deux tendances, et vous avez la recette du bavardage non humain qui peut submerger le discours politique réel. Bientôt, les personnalités dirigées par l'intelligence artificielle pourront écrire des lettres personnalisées aux journaux et aux élus, soumettre des commentaires individuels aux processus d'élaboration des lois et débattre intelligemment des questions politiques sur les médias sociaux.

Elles pourront commenter les publications sur les réseaux sociaux, les sites d'actualités et ailleurs, créant des personnages persistants qui semblent réels. Ces "personnes" générées par ordinateur étoufferont les discussions humaines réelles sur Internet. »

Les techniciens de l'« engagement » et les marketeurs du Big Data prétendent jouer un rôle important dans les campagnes électorales, mais, au final, ce sont des budgets accouplés à des robots qui mènent la danse. Dans les coulisses, c'est la dynamique anonyme et automatique des algorithmes qui opère. Si le pouvoir grotesque se donne encore à lire à travers l'image dédoublée du clown et de l'ingénieur, il se pourrait bien qu'il s'agisse d'une figure écran qui dissimule la puissance sans visage des GAFAM et de leurs algorithmes.

Comme le peintre gratte sa toile couche après couche pour en éliminer les aspérités superflues et faire apparaître la pureté de la figure, ce qui émerge au terme de cette enquête, c'est un pur diagramme. Là où s'affichaient jadis les portraits des hommes d'État, il n'y a plus que des écrans où défilent des chiffres et des données. L'algorithme se substitue à l'agora, et le microciblage des électeurs à la délibération démocratique. Stade ultime de la décomposition politique, la logique majoritaire cède la place à la logique du Nombre. Celui qui triomphe par le Nombre sera effacé par le Nombre*.

* Je remercie Abdelilah Najmi pour ses commentaires, qui m'ont inspiré ces dernières lignes.

Ce livre ne serait pas le même sans les conversations que j'ai eues avec mon ami Michel Ferher. Il s'est enrichi des entretiens que j'ai réalisées avec Judith Butler et Wendy Brown depuis l'élection de Donald Trump en novembre 2016. Merci à Aurélie Filippetti qui en a relu les épreuves.

Si on parle souvent d'« incubateurs de "start up" », ou de pépinières d'entreprises, on ne souligne pas assez l'importance des incubateurs d'idées comme Mediapart qui font vivre le débat intellectuel. Merci à Edwy Plenel, son président, à Carine Fouteau et à Stéphane Alliès, ses deux co-directeurs. Je dois remercier également le quotidien des Idées AOC_medias et Sylvain Bourmeau de m'avoir ouvert ses colonnes.

Table

Composition : In folio

Achevé d'imprimer sur Roto-Page en septembre 2020
par l'Imprimerie Floch à Mayenne
Dépôt légal : octobre 2020
N° impr. : 96861
Imprimé en France